機械といかに向き合うか

# 人工知能

DIAMONDハーバード・ビジネス・レビュー編集部＝編訳

ダイヤモンド社

Harvard Business Review:
Man and Machine:
Knowledge Work in the Age of the Algorithm

This compilation includes the following articles;

Beyond Automation, HBR, June 2015.

The Great Decoupling, HBR, June 2015.

The Self-Tuning Enterprise, HBR, June 2015.

When Your Boss Wears Metal Pants, HBR, June 2015.

How Google Sold Its Engineers on Management ,HBR, December 2013.

The Discipline of Business Experimentation,HBR, December 2014.



Japanese Translation rights arranged with
Harvard Business School Press in Boston, MA

How Will AI Change Our Business by Kazuto Ataka


The Potential of Deep Learning to Revive Japan's Manufacturing Industry
by Yutaka Matsuo

# はじめに

米国の名門経営大学院ハーバード・ビジネス・スクールの教育理念に基づいて、一九二二年、マネジメント誌 *Harvard Business Review*（ハーバード・ビジネス・レビュー）が発刊されました。同誌の日本語版として一九七六年に創刊されたのが『DIAMOND ハーバード・ビジネス・レビュー』（DHBR）です。コア・コンピタンス、イノベーションのジレンマ、ブルー・オーシャン戦略など最先端の経営理論や、IT革命などの技術革新に基づく世界の最新経営動向を、日本でいち早く紹介してきました。

最先端のテーマを扱ってきたDHBRの特集の中でも、近年とりわけ好評を博したのが二〇一五年一一月号「人工知能」です。本書は、ここに掲載された論文六本に、関連する論文を二本加えた一冊で、人工知能本の決定版です。

近年、人工知能（AI）に関する議論が活発になっています。機械が人類を支配するという極度の悲観論から、SF映画で描かれる夢のような世界が実現するという楽観的な展望まで、その論調はさまざまです。機械が人類を支配するかどうかは未知数ですが、ビッグデータと高度なアルゴリズムが登場したことで、これから仕事の多くが自動化されることは確実です。「ルーチンワーク」といわれる日常業務のほとんどが、機械に代行させることが可能となり、また機械にいち早く代行させた企業が効率性で優位になるでしょう。

そんな時代に、人が価値を生み出す仕事とは何か。機械で代替しえないことは何か。人工知能を脅威ととらえるのではなく、その可能性と限界を正しく理解することが、これからの戦略を考えるうえで不可欠になるはずです。

第1章「オーグメンテーション：人工知能と共存する方法」では、人工知能やロボットの発達で、職場の自動化が進み、我々の仕事が奪われるのではないかという、多くの人が抱いている危機感に答える論文です。機械は人間の仕事を奪うのではない、優れた思考機械が人間の仕事をサポートし、さらなる偉業を成し遂げると発想を変えることで、訪れる自動化の波を雇用の可能性を増す機会ととらえます。

第2章「人工知能はビジネスをどう変えるか」は、人工知能がもたらすビジネスへの影響を、脳科学とデータ分析に造詣が深い、ヤフーの安宅和人氏が論じます。人工知能の議論では人が得意な作業と機械が得意な作業とをきちんと分類していないため、議論が錯綜したままになりがちです。人工知能が今後のビジネス環境に歴史的な変曲点をもたらすことは間違いなく、それを理解するために、概念や議論の根幹を明快に整理します。

第3章「ビジネスの仮説を高速で検証する」では、ビジネスで何らかの改革を行う際に、ビジネス実験を行うことを推奨します。実験を行う際に使うデータに誤りはないか、特定の見解を裏付けるデータを選り好みしていないかなど問いかけが刺さります。データから得られる知見から、最大の価値を引き出すための示唆に富んだ一本です。

第4章「ディープラーニングで日本のモノづくりは復権する」は『人工知能は人間を超えるか』の著書でも有名な松尾豊氏の論文です。人工知能の研究が始まってからの五〇年間で、いま、人工知能は三度目のブームを迎えています。機械学習、なかでも深層学習の領域が飛躍的な発展を遂げるのは間違いなく、この影響を受けて技術がいかに発展し、そこからどのようなニーズが生まれるのかが解説されています。

第5章「アリババの戦略はアルゴリズムに従う」では、中国のeコマース最大手のアリババの事例を取り上げます。急速に変化する事業環境の中で、アリババは実験や学習を通じて自律的に変化に対応するセルフチューニングを活かしてきました。ビジョン、ビジネスモデルなどを迅速に変化させていくことが、成長にどう結び付くのか考えます。

第6章「あなたの上司がロボットに代わったら」では、機械が単なるツールを超えて、オフィスでともに働くチームメイトへと変わる時代について論じます。自発的に考える機械を人間が受け入れることは、新しいテクノロジーを採用することと必ずしも同義ではありません。ロボットと効果的に協同するために乗り換えるべき課題は何か。その正体が明らかになります。

第7章「グーグルは組織をデータで変える」では、グーグルの組織改革について取り上げています。グーグルは規模が大きくなるにつれて、それまでは不要だと考えていたマネジャーの価値に気づき始めます。どうすれば技術者至上主義の風土を変えられるのか。徹底した調査とデータ解析、そしてツール開発で評価の指針を塗り替える過程を明らかにします。

第8章「機械は我々を幸福にするのか」では、『機械との競争』『ザ・セカンド・マシン・エイジ』の著作で有名な二人が、インタビューに答えます。デジタル技術の発展は、我々に「知力」を与え、知識労働を肩代わりし、その生産性を飛躍的に伸ばしてきました。しかし、経済は発展しても、雇用は伸びず、大多数の人間の富が増えないというグレート・デカップリングという現象も起きています。デジタル技術の飛躍的な進歩により、いま何が起きているのか。技術と経済の関わりを研究してきた二人が、新しい時代に向けての準備を語ります。

世界と日本の第一人者たちによる多角的な論考は、いま人工知能の発達で何が起きているのかを理解する一助となり、これからの経営戦略を考えるうえで、多くの示唆に富むはずです。


DIAMONDハーバード・ビジネス・レビュー編集部

ハーバード・ビジネス・レビュー
『人工知能』

# 目次

はじめに――1

第1章 オーグメンテーション：人工知能と共存する方法――11
トーマス・H・ダベンポート バブソン大学 特別教授
ジュリア・カービー 元『ハーバード・ビジネス・レビュー』エディター・アット・ラージ
自動化で仕事は奪われるのか――12
オーグメンテーションとは何か――14
検討すべき五つのアプローチ――17
なぜ経営者はオーグメンテーションを好むのか（あるいは、好むべきなのか）――31
レースの種目を変えて勝つ――33

第2章 人工知能はビジネスをどう変えるか――37
安宅和人 ヤフー チーフストラテジーオフィサー
歴史的変曲点をもたらす三つの変化――38
AIが代替する業務とは――45
AIと人間の棲み分け――50

AIが事業に与える五つの影響――57
AIはマネジメントの概念を変革する――64
新しい波に「乗らないメリット」はない――72

## 第3章 ビジネスの仮説を高速で検証する――77

ステファン・トムク ハーバード・ビジネス・スクール 教授
ジム・マンジィ アプライド・プレディクティブ・テクノロジーズ 創業者・会長
ビジネス実験はなぜ広まらないのか――78
実験の目的は明確か――81
関係者は実験結果を受け入れることを約束したか――85
実験は実行可能か――88
結果の信頼性をどう担保するか――91
実験から最大の価値を引き出せたか――96
従来の発想に囚われない――100

第4章
ディープラーニングで日本のモノづくりは復権する——105
松尾 豊 東京大学大学院 准教授
人工知能は三度目のブームを迎えた——106
機械がみずから「特徴量」をつくり出す時代の到来——107
ディープラーニングにおけるAIの技術発展を読む——109
ディープラーニングは社会に何をもたらすのか——114
日本のモノづくりは復権する——119

第5章
アリババの戦略はアルゴリズムに従う——123
マーティン・リーブス ボストン コンサルティング グループ シニアパートナー
曽 鳴 アリババグループ 最高戦略責任者
アミン・ベンジャラ ADP 戦略・事業開発担当バイスプレジデント
アルゴリズムを効果的に活かす——124
変化の激しい市場で求められる機動的な経営——125
自社のビジネスを再構築する力——129

第6章 あなたの上司がロボットに代わったら――147
ウォルター・フリック『ハーバード・ビジネス・レビュー』アソシエートエディター
考える機械といかに働くのか――148
アルゴリズムを信用する時、信用しない時――150
自分に似ていると、ロボットへの信頼は高まる――153
ロボットが人間的になりすぎる場合もある――156
ロボットの同僚が好まれるのは、どのような時か――159

第7章 グーグルは組織をデータで変える――163
デイビッド・A・ガービン ハーバード・ビジネス・スクール 教授
エンジニアのためにエンジニアによって設立された企業――164
マネジャーに価値はあるのか――167
仮説を証明し、優れた行動を特定する――170
「八つの行動リスト」を日々体現してもらうには――173
結果はどの程度信頼され、実行されるか――183

## 第8章

【インタビュー】機械は我々を幸福にするのか――191
エリック・ブリニョルフソン　マサチューセッツ工科大学 スローンスクール・オブ・マネジメント 教授
アンドリュー・マカフィー　マサチューセッツ工科大学 プリンシパル・リサーチサイエンティスト
我々は「第二の機械時代」の転換点に立っている――192
「繁栄サイクル」の崩壊――195
勝者と敗者――203
企業の対応――210

第1章

# オーグメンテーション：人工知能と共存する方法

トーマス H. ダベンポート
ジュリア・カービー

**“Beyond Automation”**
*Harvard Business Review*, June 2015.
邦訳『DIAMONDハーバード・ビジネス・レビュー』2015年11月号

**トーマス H. ダベンポート**
**(Thomas H. Davenport)**
バブソン大学の特別教授。マサチューセッツ工科大学センター・フォー・デジタルビジネスのリサーチフェロー。デロイト・アナリティクスのシニアアドバイザー。主な著書に『データ・アナリティクス 3.0』、『分析力を武器とする企業』（ともに日経 BP 社）など。

**ジュリア・カービー**
**(Julia Kirby)**
元 HBR のエディター・アット・ラージ。ダベンポートとともに、知識労働の自動化をテーマにした書籍『AI 時代の勝者と敗者』（日経 BP 社）を執筆。

# 自動化で仕事は奪われるのか

フロリダ州タラハシー在住のユメイ・ハットは、自動化の進展と、それにより取って代わられる可能性のある職業に関するオックスフォード大学の研究を読んで、こう書いた。「いまある職業の半分が消えてなくなるという見解を知って、自分の子どもの将来についての考え方が変わった」

ハットの反応は母親としてのものだけではなかった。彼女は企業の経営者であり、新しく登場したテクノロジーについて時折ブログを書いている。コンピュータ化のプラス面を熟知している彼女だが、マイナス面の存在は不気味だ。「子どもたちはどうやって人工知能に対抗していくのだろうか。どんどん減っていくポジションをめぐり、もっと年上で経験豊富な人々と、どのように競い合っていくのだろうか」と彼女は問いかける。

社会のあらゆる人々が、突如として自動化の進展に大きな不安を感じ始めたようだ。そう、大いに不安を感じなければならないはずだ。人間が失う仕事と釣り合う分だけ人間にあてがう仕事を見つけない限り、失業が社会および精神にもたらす苦悩――景気後退や若年層の失業から、個人のアイデンティティの危機に至るまで――は増すだろう。

人工知能という形で自動化が知識労働の領域にまで及んでいるいま、この問題はさらに現実味を帯びている（**コラム**「自動化の三つの時代」を参照）。成熟した今日の経済では、仕事の大半は知識労働である。我々のざっくりとした定義では、知識労働とは肉体よりも頭脳を使い、重要な意思決定を伴い、大学卒業の学歴が求められる仕事を指す。高度な認知力を必要としない仕事が機械に取って代わられる中で、人間が優位性を保ってきた領域である。しかしガートナーのアナリスト、ナイジェル・レイナーが指摘するように、予見可能なごく近い将来に「今日の企業幹部がしている仕事の多くが自動化される」だろう。

このような現状を、違う枠組みでとらえてみたらどうなるだろうか。従来のように「現在人間がしている仕事のうち、近い将来に機械で速く安くできるようになるものは何か」と問うのではなく、「もっと優れた思考機械が人間をサポートするようになったら、人間はどんな偉業を成し遂げられるだろうか」という問いを立ててみたらどうだろうか。機械の取り分がどんどん増えるゼロサムゲームとして仕事を見るのではなく、雇用の新たな可能性が増すという見方ができるかもしれない。自動化《オートメーション》の脅威を、拡張《オーグメンテーション》の機会という枠組みでとらえ直すことができるだろう。

本稿執筆者の二人は、知識労働者が機械と力を合わせることによって、それぞれ単独ではこなせない仕事をうまく実行している事例に注目してきた。こうした知識労働者たちは、職場における自動化の進展に驚くほど多様な方法で対処している。従来の常識では、機械の脅威にさらされた人間は、優位性を維持するためにさらに高い水準の学校教育に投資すべきだと考えられてきた。しかし本稿で解説するように、スマートな人々は実際には五つのアプローチで、スマートな機械と平和的に共存している。

## オーグメンテーションとは何か

自動化が労働市場に及ぼす影響を丹念に追跡しているマサチューセッツ工科大学（MIT）教授で経済学者のデイビッド・オーターは、最近の論文で「ジャーナリストや専門家のコメンテーターたちは、人間の仕事がどれほど機械に奪われるかという点ばかり強調し、機械の強力な補完性によって生産性が上がり、収入が増え、熟練労働者の需要が増す点を無視している」と不満を述べた。柔軟性や判断力、常識が求められる作業への機械の導入には大変な困難が伴うとし、「コンピュータで置き換えることのできない作業は、一般的にコンピュータで補完することができる。このことは見落とされているが重要な点である」と主張した。

オーターが指摘した補完性。これを探究することが、我々の提唱するオーグメンテーション戦略の中核である。

オーグメンテーション戦略は、かつて効率重視の企業が追求した自動化戦略とは対照的な性格を持つ。自動化戦略は、人間がある仕事をする時の作業を基準とし、そこから引き算する考え方だ。コンピュータを導入し、体系化できた作業から順々に機械処理に移行して、人間の作業を減らしていく。高度な自動化を目指すことによりコスト削減が期待できるが、その半面、既存の仕事の枠内に思考が限定される。

オーグメンテーションはこれとは対照的で、現行の人間による作業を基準とし、機械処理の拡大によっていかに人間の作業を深められるか（削減できるか、ではなく）を見極める。思慮深い知識労働者らは、このことを明確に理解している。

たとえばカミーユ・ニシータが社長兼CEOを務める調査会社ゴンゴスは、デトロイト大都市圏を拠点とし、クライアントが消費者インサイトを獲得できるようにサポートしている。しかしこのような業務は、ビッグデータによって購買行動のすべてが明らかにされているいま、存続が危うくなるともいわれている。ニシータも、大量のデータに基づく高度な意思決定分析によって、新たに重要なインサイトが見つかるだろうということは認めている。

しかし彼女に言わせれば、これはゴンゴスのメンバーにとってチャンスである。さらに一歩踏み込んで、クライアントに「コンテキスト、人間味、データの背後にある〝なぜ〟」を提供する機会になるからだ。同社は今後ますます「分析の域を超え、整理統合や物語性の力を活かして、意思決定の材料になるような形でデータを解釈する」ようになるだろう。幸いにも、コンピュータはこの手の作業が得意ではない。

ニシータによれば――そしてこれはオーグメンテーション戦略の肝ともいえるのだが――インテリジェントな機械は人間に退場を促すものではない。ましてや、ロボットの命令のままに働く立場に人間を貶めるものではない。場合によっては、機械を導入することにより、これまで人間が機械に明け渡してきた作業よりも高等な――もっと洗練されていて、やりがいがあり、人間の強みを活かせるような――作業を引き受ける余地が生まれるだろう。あるいは、単にコンピュータが得意ではない作業を人間がすることになるかもしれない。

いずれにせよ、これらはほぼ例外なく、体系化や構造化があまりされていない作業だ。そうでなければとっくにコンピュータに置き換わっているはずである。

我々は仕事を提供する者と実行する者の双方に、マインドセットを転換して――つまり自動化の追求からオーグメンテーションの促進へと考え方を変えて――違う結論に到達することを提案している。単なる用語の変更だと思われるかもしれないが、これが組織のマネジメントのあり方や、成功を目指す個々の努力に大きく影響するのだ。知識労働者は、スマートな機械をクリエイティブな問題解決のパートナー・協力者と見なすようになるだろう。
このような新しいマインドセットが未来を変えるのである。

## 検討すべき五つのアプローチ

あなたの仕事にコンピュータが進出しつつあると仮定してみよう。近い将来にソフトウェアがあなたの認知的労働の大半を担うようになり、社内の日々の必須業務についても、現在九割方の社員がしているのと同等の——あるいはもっと的確な——意思決定を下せるようになるとする。この場合、仕事を失わないためにどのような戦略を用いるべきだろうか。

オーグメンテーションでは、次の五つのアプローチで機械との関係性を見直し、自身の貢献の方法を再調整できると考える（図1「雇用可能性を増すための五つのアプローチ」を参照）。

| 例 | 必要な準備 |
| --- | --- |
| ブランドの適切なポジショニングに必要なすべての活動を調整できるブランドマネジャー。 | MBAあるいはPhDを取得し、就職後も幅広い視野を獲得するために自分自身に挑戦し続ける。 |
| 洗練された顧客の心に響くコンセプトを直感的に見抜けるクリエイター。 | IQでは測れない「多重知能」を強化し、達人に弟子入りするなどして言語化されない知識を会得する。 |
| コンピュータを駆使して日々価格を最適化し、例外的／実験的な状況では必要に応じて介入できる価格決定のエキスパート。 | STEM（科学、技術、工学、数学）教育を受け、仕事上の専門知識を常に最新の状態に保つ。 |
| 動く広告板としての車両の使用に造詣が深い「ラッピング広告」の専門家。 | 狭いニッチ分野を見つけ、フォーカスを絞り情熱を傾けて、その分野を究める。 |
| データの新たな利用機会をとらえて重要な意思決定（ケーブルテレビの広告枠の購入など）に役立てられるデジタルイノベーター。 | コンピュータサイエンス、人工知能、アナリティクスの最先端のスキルを持つ。自動化の候補となる領域を特定できる力を身につける。 |

**図1｜雇用可能性を増すための5つのアプローチ**

機械とともに働くうえで、人間には複数の選択肢がある。
ここではマーケティング業界の例を紹介する。

| | 付加価値の所在 |
|---|---|
| Step up<br>向上する | 経営幹部になる資質を持ち、いかなるコンピュータよりも大局的な考え方ができる。 |
| Step aside<br>譲る | 理性的で体系化できるような単純な認知の枠に当てはまらない分野で強みを発揮する。 |
| Step in<br>介入する | ソフトウェアが行うルーチン的意思決定のプロセスを理解し、その機能やアウトプットを監視・調整できる。 |
| Step narrowly<br>絞り込む | コンピュータプログラムの開発が（理論的には可能だが）いまだ実現していない分野で専門性を持つ。 |
| Step forward<br>前進する | スマートな機械の次世代の応用方法を――たとえばマシンのベンダーのために――構築する。 |

## 1 向上する

最善の戦略は、今後も引き続き、機械よりも知的に優位な立場を目指していくというアプローチかもしれない。コンピュータよりも大局的な視点を持ち、より抽象的な思考ができる人材ならば、今後も仕事がなくなることはない。これは本質的に、自動化によって人間の仕事が侵食される現象に対処するために提案・採用されてきたアドバイスと同じである。下位の仕事は機械に任せ、より高度な課題に取り組むチャンスを得よう。

そのよい例が、がん研究者のニーブン・ナラインだ。彼は二〇〇五年、人工知能を新薬発見に役立てるため、マサチューセッツ州フレミンガムに、スタートアップ企業のバーグを共同設立した。バーグの施設では処理能力の高い質量分析計が二四時間体制で稼働し、血液や細胞組織の分析情報から何兆件ものデータポイントを生成している。さらに、特定の分子の有効性を示唆するパターンを見出すために、高性能なコンピュータが活用されている。

ナラインは二〇一五年三月の取材で、「これらのデータを検討して、『あ、このデータはなかなかよいかも』などと言っているような生化学者を一〇〇人も抱えることだけは避けたい」と話した。しかし実際のところ、バーグには一〇〇人の生化学者がいる。彼らの仕事は、数値を処理して特定の分子のポテンシャルについて仮説を立てることではない。計算が終わり、機械が仮説を立て、その実現可能性に関する調査が始まる段階になってからが彼らの出番である。

ナラインは、新薬開発の新たな方法にチャンスを見出すことでステップアップした。このアプローチには豊富な経験やインサイト、そして世界の変化を素早く理解する能力が必要である。同様に、ウォール街で巨万の富を築いた投資銀行家やヘッジファンドの大物たちが成功できたのは、一つには取引システムやポートフォリオ管理システムの自動化の一歩先を進んだからである。

向上アプローチを選択する場合は、長い年月をかけて教育を受けることが求められるだろう。求職時には修士号や博士号が役立つはずだ。そして組織の一員となった後は、組織内で進行中のイノベーションや戦略的取り組みに貢献できるように、幅広い情報を身につけて創造性を維持することを目標としなければならない。そして経営幹部のポジションを目指し、それによってみずから発見した機会をものにできるようになることが理想だ。

知識労働者の仕事の削減に並々ならぬ努力をしてきたオービッツ（米国の旅行サイト）のCEO、バーニー・ハーフォードの意見を聞いてみよう。引き続き人間がしなければならない作業の担当者を採用する際、ハーフォードは「T型」の人材を探すという。彼によると、オービッツが求めるのは「特定の専門領域を深く追究できると同時に幅広い知識も持っていて、組織全体を視野に入れ、自分の担当分野がそこにどのようにフィットするかということに興味を持っている」人材である。

これは向上アプローチを望むすべての知識労働者に役立つ指針だ。まずは、文字通りの意味で「総合的に」思考することから始めよう。機械を利用して知的な予備作業を行い、なおかつ機械の処理内容のブラックボックス化を防ぐような方法を見出そう。ハーフォードは、顧客と彼らが望む旅体験をマッチングさせるアルゴリズムをつくるのに「機械学習」を利用することによって、これを実現している。

## 2 譲る

向上アプローチを選べるのは、労働者の中でも少数派かもしれない。しかし、彼らの仕事と同等の価値があって体系化ができない頭脳労働はたくさんある。「譲る」とは、単純な理性的認知力ではなく、心理学者のハワード・ガードナーが言うところの「多重知能」(multiple intelligence：ＭＩ)の活用を意味する。ＭＩの中でも「対人的知能」(他者とうまく仕事をする能力)と「内省的知能」(自分自身の興味・目標・強みを理解する能力)にフォーカスを当てることができるだろう。

サラブレッドの伝説的な調教師であるD・ウェイン・ルーカスは、一歳馬のポテンシャルを見抜く方法を的確に説明できるわけではない。ただ、彼にはそれができるのだ。人々に崇拝されるアップルのデザイナー、ジョナサン・アイブが持つセンスを、コンピュータにダウンロードすることはできない。コメディアンのリッキー・ジャーベイスは、機械が夢にも考えつかないようなネタで聴衆を笑わせる。

彼らは仕事でコンピュータを使っているだろうか。間違いなく使っているだろう。しかし彼らは、言葉では表せない自分の強みを発見し、できる限りの時間を費やしてそれを仕事に活かすという点で類稀な才能を見せてきた。機械は大量の従属的作業をこなすことができ、それによってプロフェッショナルたちは最高の力を存分に発揮できるのである。

ただ、譲るアプローチが適用できるのはアーティスト系の仕事だけだという印象は持たないでほしい。たとえば上級の弁護士は法律を熟知しているが、法律のあらゆる細かい点を探究する専門家であることは稀である。彼らは労力の大半を新規案件の獲得——昇進に直結する実績と見なされることが多い——に傾けており、クライアントの賢明な相談相手として振る舞う。もし機械が法律文書を読み取って、行動や議論の方向性を示すことができれば、彼らがそれ以外の仕事に向けられる余力は増えるだろう。このことはその他の専門職、たとえば上級の会計士、建築士、投資銀行家、コンサルタントにも当てはまる。

ロボットメーカー各社が自動化の巨大なポテンシャルを見出している、高齢者介護の分野について考えてみよう。人間による介護は、あまり繊細さや特別な知性が求められる仕事と見なされることはない。そういうこともあって我々は、教師、コーチ、ブロガーとして活動するヘザー・プレットの最近のエッセイに感銘を受けた。彼女は母親の緩和ケアを担当したスタッフが「私たちに間《スペース》をつくってくれた」と記し、こう説明した。「誰かのために間をつくるとはどういう意味だろうか。それは、相手を批評せず、無力感を感じさせず、矯正しようとせず、結果に影響を与えようとせずに、どのような旅路であってもその人に寄り添おうとすることである。誰かのために間をつくる時、私たちは心を開き、無条件に支援し、批評や支配をしなくなる」

たしかに、ホスピスケアは血の通った対応が必要な究極の例である。しかし、顧客、同僚、オーナーと関わり合う仕事ならば必ず、共感力に価値がある。

譲るアプローチを取る場合は、体系化できない自分の強みにフォーカスを当てる必要がある。まずはそのような強みを見つけ出し、次にたゆまぬ努力でそれを強化しよう。この過程では、自分が究めようとする言語化されない技を会得している人々を見つけ出し、仲間あるいは弟子として彼らと協力する方法を見つけなければならない。その際、学校教育では長年あまり評価されてこなかったような、知能指数（ＩＱ）では測れない自分の知力にいっそう関心を向ける必要があるだろう。このような能力も意識的に向上させることが可能だ。天に授けられた能力という点で、計算力と何ら変わりはないのである。

## 3 介入する

遡ること一九六七年、知識労働を自動化しようとする初期の試みを観察したピーター・ドラッカーは、コンピュータは「完全なる能なし」だと断言した。いまではかなり賢くなっているものの、時に融通の利かないロジックのせいで、まだまだ人間の英知は必要だと思わせるようなおかしな結論に至ることがよくある。

もしかすると読者の中には、二〇一四年に『ニューヨークタイムズ』紙に掲載された、転職直後に住宅ローンの借り換えを申請した男性の記事を読んだ人がいるかもしれない。この男性は転職前まで政府機関で八年間、そして教員として二〇年間以上、安定した仕事に就いてきた。それにもかかわらず申請は却下されてしまった。自動化された審査システムは、彼の収入水準に対して十分に余裕のある返済額だと判断したものの、優秀なことにリスクマーカーに反応したのである。この男性の新しい仕事には、収入面の大きな変動や不確実性がついて回る可能性があった。

あるいは、この審査システムはあまり優秀ではなかったのかもしれない。この男性とは、FRB（連邦準備制度理事会）前議長のベンジャミン・バーナンキである。彼は当時、一〇〇万ドル以上の書籍執筆契約を結び、実入りのよい講演活動に力を入れようとしていた。コンピュータに何かを決定させる時には必ず、適切な人材が介入してコンピュータの最大の弱点を回避できるようにすべきである。バーナンキのエピソードは、その必要性を説明する格好の例といえる。

コンピュータの仕事に介入できるのは、それを監視・調整する方法を理解している人材である。たとえば税務処理ではますますコンピュータ化が進むだろうが、自動プログラム――およびその利用者である人間――がしばしば犯すミスに気を配るのは優秀な税理士の役割だ。デジタルマーケティングの分野において、アド・バイイング（広告枠の購入）の処理はいまではほぼ完全に自動化されている。しかし、プログラミングされた購入処理が自社ブランドにダメージを与えかねないことを指摘したり、そのプログラムのロジックの調整方法を提案したりできるのは人間だけである。

この場合、いったい誰が誰を（あるいは何を）拡張《オーグメント》しているのかという疑問を持つ読者もいるだろう。そこでこの機会に、オーグメンテーション環境では双方向的なサポートが発生するということを強調しておきたい。人間はコンピュータが正しく作業できる状況を維持し、さらに改善していく。これはＳＴＥＭ（科学、技術、工学、数学）教育の強化を支持する人々が揃って主張することである。彼らが思い描くのは、介入役の仕事で大半が構成される世界だ。ただしこのアプローチを選ぶ場合、観察力、解釈力、そして人とつながる力も必要である。

## 4 範囲を絞る

このアプローチで必要なのは、自分の仕事の中で、自動化してもコスト削減効果がないと思われる人間の得意分野を見つけることである。

ダンキンドーナツの本社に近いボストンで、『ボストングローブ』紙の記者が「ダンキンドーナツのフランチャイズ王たちの秘密の世界」をつぶさに観察した。フランチャイズ王の一人であるギャリー・ジョイヤルは、ダンキンドーナツのフランチャイズ権の買い手と売り手を結びつけることで優雅な暮らしを享受している（彼の所有するロールスロイスがその証拠といえればの話だが）。この記事によると、ジョイヤルは「フランチャイジーに関する――そしてしばしば、彼らの家庭環境、収入のポートフォリオ、遺産相続計画まで含めた――百科事典的ともいえる幅広い知識を駆使して、買い手と売り手の双方にとって欠くことのできない存在になっている」。彼はこれまでに五億ドル相当の取引をまとめる手助けをしてきたのだ。

ジョイヤルの百科事典的な知識をデータ化して、ソフトウェアに落とし込むことはできないだろうか。おそらくできるだろう。しかしそれだけでは、自宅の敷地にロールスロイスを置けるほど稼ぐことはできない。カテゴリーの規模が小さすぎるからだ。同じことはクレア・ビュスタレの仕事にもいえる。『ジョンズ・ホプキンス・マガジン』誌によると、「他のフランス人がワインに造詣が深いのと同じように、彼女は紙に関する知識を基盤としてキャリアを築いてきた」。彼女は紙の質感、手触り、繊維を手がかりにして、その紙が生産された時期と場所を特定できる。これは歴史家や美術鑑定士にとっては極めて価値のある能力である。彼女の知識をデータベース化したり、分析テクニックを自動化したりすることも可能だろうが、そうする間にも彼女は知識を増やしているだろう。

範囲を絞るアプローチを取る人々は、このようなニッチ分野を見つけ、その世界に深く入り込む。向上アプローチの人々がキツネ型だとすれば、こちらはハリネズミ型である。彼らの大半は学校教育の恩恵を受けているが、その収益力の原動力となる専門知識は仕事を通して、そしてフォーカスを絞るという自制心によって獲得されるものである。

このアプローチを選ぶ場合は、ある特定の分野を狭く深く究めた人として名を上げることから始めよう。これは何も、その他の興味をいっさい持つなということではなく、仕事において自分自身の確かなブランドを築くということである。では、機械はどのようにあなたを拡張してくれるだろうか。この場合、常に最新情報を把握しておけるように自分自身のデータベースやルーチンを確立し、自身の専門的な成果と他者の成果とを結び付けるシステムを利用するという方法が考えられるだろう。

## 5 前進する

最後に挙げる前進アプローチは、次の世代のコンピューティングや人工知能ツールの構築を目指す方法である。優れた機械の背後には人間が存在する。このことはいまでも真理であり、実際のところ、そこには数多くの人々が存在している。ダンキンドーナツのフランチャイズ最適化システムが不適切な投資だと判断するのも、がん治療薬発見への人工知能の応用が適切な投資だと判断するのも人間だ。次世代の優れた保険引受自動化ソリューションを構築するのも人間だ。よりよいシステムに対する人々の欲求を直感的に把握したり、システムの中で体系化できる部分を特定したり、実際にコードを書いたり、適用される状況を見越して条件を設定したりするのも、すべて人間である。

こうした領域では、知識労働者にコンピュータサイエンス、人工知能、アナリティクスの優れたスキルが求められることは明らかだ。スティーブ・ロアーは著書 *Data-ism*(注)(データイズム)

で、これを実践している人々のストーリーを紹介した。たとえばE&Jガロ・ワイナリーの幹部のニック・ドクーズリアンは、大規模な「精密農業」に必要なデータの活用方法を探るため、IBMの研究スタッフのヘンドリック・ハーマンとチームを組んでいる。ブドウをよく実らせるために、それぞれの木に過不足なく世話をして水をやるという大変な作業の自動化を目指しているのだ。

これは素人の手慰みではない。ハーマンは物理学者で、IBMが特許を出願したネットワークセンサーに関する詳細な知識を持つ。ドクーズリアンはカリフォルニア大学デービス校――ロアーいわくワイン科学界のMIT的な存在――で植物生理学の博士号を取得し、同校で一五年間教鞭を執った。このチームはフランスの紙の研究家と同じようなスタンスで、ワインのことを知り尽くしていると言ってよいかもしれない。

前進アプローチは機械の進出を一段上のレベルに導くことを意味するが、そこには、それ自体がソフトウェアによって大いに拡張される種類の作業が含まれる。このことはリンクトインのハーマンのページを見てみればすぐにわかる。彼がさまざまな専門的スキルに秀でていることは、コンタクト（リンクトイン上でつながりのある人）たちが認めている。たとえばシミュレーション、アルゴリズム、機械学習、数学モデリングなどである。

しかし次にやって来る自動化の機会に的確に照準を合わせるためには、技術的な才能があるだけではまったく不十分である。このアプローチを選ぶ場合、自身の領域で頂点に到達するためには、既存の枠組みに囚われない思考、現行のコンピュータに足りない点を見抜く力、いまだ存在しないツールを思い描く力が必要である。いつの日かソフトウェア開発作業でさえ、その多くが自動化される日がやって来るだろう。しかしビル・ゲイツが最近指摘したように、プログラミングは「いまのところ安泰」である。

## なぜ経営者はオーグメンテーションを好むのか（あるいは、好むべきなのか）

我々はこれまで、幅広い分野のプロフェッショナル――放射線科医、財務アドバイザー、教師、建築士、ジャーナリスト、弁護士、会計士、マーケター、その他のさまざまな専門家――に話を聞いてきたが、その結果が示唆するのは、我々が挙げた五つのアプローチはどの分野にも適用できるということだ。人によって合わないアプローチもあるが、自分に適したものを見つけられれば、自分なりのオーグメンテーション戦略に向けて前進できるだろう。

しかし、あなたが属する領域の経営者らがオーグメンテーションを支持していない場合、思うような成果が得られない可能性がある。企業はこれまで自動化を推進してきたため、結局のところ、この世界には自動化のマインドセットがはびこっているのである。マネジャーは常に人間の従業員——技術者たちのスラングで言えば「ウェットウェア」——の欠点に頭を痛めている。ヘンリー・フォードが「手を貸してくれと頼むと、なぜいつも脳みそまでついてくるんだ」と言ったのは有名な話である。

オーグメンテーションを機能させるためには、人間とコンピュータは別々に使うよりも組み合わせて使ったほうがよいと経営者が確信している必要がある。企業の成否を左右するのはコスト効率よりも継続的なイノベーションであるということが明らかになるにつれ、この考え方の正しさがわかってくるだろう。

経営者は機械と人間を代用可能なものと見なしがちである。どちらか一方のコストが増したら、他方に乗り換えればよいという見方である。しかしこれが成立するのは、今日の仕事が明日も同じように存在することが確実視できるような静的な状況下に限られる。

ユメイ・ハットに話を聞いたところ、彼女の小さな会社（住宅用照明メーカーのゴールデンライティング）では、自動化によって業務効率が格段に向上した。しかしそれによって、社員のクリエイティビティがいままで以上に収益に影響するようになった。同社のデザイナーはインテリアデザイン業界や照明技術のトレンドを知って、それらを組み合わせる新しい方法を発見しなければならない。営業スタッフはＣＲＭ（顧客関係管理）ソフトウェアを活用するが、彼らの腕の見せどころは、小売りのバイヤーと良好な関係を築き上げることである。

イノベーションの時代には人間の優れた面を強調しなければならない。これからも、未来のアイデアや、他社の模倣が困難なオペレーションの要素を生み出すのは人間である（今日の従業員には忠誠心がないと思われる方は、ソフトウェアがライバル企業にあっという間に適応することを考慮していない）。

たしかに人間には気まぐれで予測不可能なところがある。身勝手で、飽きっぽく、不誠実な態度を見せることがあるし、飲み込みが悪くすぐに疲れてしまう。これらはコンピュータにはない短所だ。しかし適切なオーグメンテーションによって、人間にしかない長所を最大限に活かすことができる。コンピュータ化によってプログラミング可能なあらゆるものが手持ち《テーブル》の賭け金《ステークス》になる中、これらだけが自社を差別化する特徴になるのだ。

## レースの種目を変えて勝つ

正直なところ、知識労働者が担っている仕事の多くは近いうちに自動化されるだろう。たとえば、財務アドバイザーの業界で将来的に人間が担う役割は必ずしも明確ではない。しかし今後もこの業界に留まる人材が、主な仕事として株や債券の最適なポートフォリオの提案を担う可能性は低い。

最近話を聞いたある財務アドバイザーは、不安げな様子でこう述べた。「クライアントに対するアドバイス業務はまだ完全には自動化していませんが、どんどんロボット化している感じです。私の発言は台本通りの内容になりつつあります。私たちはクライアントにオンラインツールを使用させるようにと、はっぱをかけられています」。彼は最大の懸念を率直に表現した。「そのうち全員、お払い箱になるのではないかと考えています」

しかし、次に彼の口から出た言葉には、救済へのヒントが隠されていた。「台本を読むだけならばもちろんコンピュータにもできますが、クライアントを説得して投資額を増やしてもらうには、それ以上のスキルが必要です。現に私は、株式仲買人というより精神科医のような役割を果たすこともしばしばあります」

これは後退ではない。少なくとも脇に寄っただけであり、向上といえるかもしれない。この財務アドバイザーと彼の所属企業は、このような視点に立つことさえできれば、後はそれを土台にして積み上げていくことができる。預金者や投資家に財務面の賢い選択を促す業務は、少なくとも現時点で予見可能な範囲では自動化されないだろう。

長い目で見て雇用者と被雇用者にメリットをもたらすのは、スマートな機械を知識労働のパートナー・協力者と見なす考え方である。オーグメンテーションを重視することで、自動化の脅威を取り去り、機械とともに臨むレースを短距離走ではなくリレーに変えることができる。人間からコンピュータへ、またコンピュータから人間へのスムーズなバトンの受け渡しに成功した者が、勝者となるのである。

## 自動化の三つの時代

現在の自動化の波は以前のものよりも脅威だと感じるなら、それには理由がある。機械が意思決定の分野にまで進出しているいま、それ以上に人間が優位性を保てる分野はそうそう見つからない。

### 一九世紀：第一期　危険で汚い仕事が機械に移行する

機織りや綿繰りなどに産業機械が導入され、人間はつらい肉体労働から解放される。

**二〇世紀：第二期　退屈な仕事が機械に移行する**

空港のチェックインやコールセンターなどに自動インターフェースが導入され、人間はサービス取引のルーチン作業や事務作業から解放される。

**二一世紀：第三期　意思決定が機械に移行する**

航空運賃の決定からＩＢＭの「ワトソン」まで、インテリジェントなシステムが、人間よりも速く確実に、より優れた選択を下す。

【注】

Steve Lohr, *Data-ism*, Oneworld Publications, 2015.（未訳）

第2章

# 人工知能は ビジネスをどう変えるか

安宅和人

『DIAMONDハーバード・ビジネス・レビュー』2015年11月号

安宅和人
(Kazuto Ataka)
ヤフー株式会社チーフストラテジーオフィサー。データサイエンティスト協会理事。応用統計学会理事。東京大学大学院生物化学専攻にて修士課程修了後、マッキンゼー・アンド・カンパニーに入社。4年半の勤務後、イェール大学脳神経化学プログラムに入学。2001年春、学位取得(Ph.D.)。ポスドクを経て2001年末、マッキンゼー復帰に伴い帰国。マーケティング研究グループのアジア太平洋地域における中心メンバーとして、幅広い分野におけるブランド立て直し、商品・事業開発に関わる。2008年9月ヤフーへ移り、COO室長、事業戦略統括本部長を経て2012年7月より現職。事業戦略課題の解決、大型提携案件の推進に加え、市場インサイト部門、ヤフービッグデータレポート、データ活用を含む全社戦略などを担当。著書に『イシューからはじめよ』(英治出版)がある。

## 歴史的変曲点をもたらす三つの変化

二〇一五年五月二八日、深層学習（ディープラーニング）を搭載した、世界で初めて大規模で展開するサービスＧｏｏｇｌｅフォトがリリースされた。このアプリは、スマートフォンなどに保存された写真データを、自動で分類し、合成写真まで作成する。これはユーザーのデバイス上の画像データをクラウドで管理する仕組みだが、世界の億単位の人が数千枚、数万枚の写真、つまり兆単位の写真を一気に上げ始めた。

その写真の仕分け、連続写真の合成のスピードは驚くほど的確かつ速い。一〇〇〇人で取りかかっても七、八年はかかると思われる処理を、このサービスは一日でやってのける。人間の二〇〇万倍以上のスピードだ。(注1)このサービスに使われている深層学習は、現在最も注目されているＡＩ（人工知能）の要素技術の一つであり、その可能性はたしかに計り知れない。しかし、深層学習だけを取り出していま起きつつある変化の本質を理解することはできない。

これから起きる変化の本質は、深層学習、分析手法など情報科学的な技法の革新だけでなく、学習データの質と量、これを実装するコンピュータの情報処理力の三つの変化がセットで起きることにある。

## ❶情報科学

これまでの人工知能研究の中心にあるのは、機械学習とデータマイニングだが、大半の産業分野での利用はこれからだ。(注2)これらが幅広く広まることに加え、深層学習の実用化が進むことが相乗的に質的な変化をもたらす。

機械学習（マシンラーニング）とは、コンピュータが経験からルールや知識を学習し、賢くなる技術である。

ここで「賢くなる」と言っているのは何らかのタスクのパフォーマンスが上がることだ。言わば、処理スピードやテストの点数が上がるなどだ。データマイニングとは、知られていなかった意味のある情報をデータから抽出する技術のことをいう。

機械学習とデータマイニングは独立の概念ではあるが、相互に関係性が深く、ここから先、便宜的に機械学習と統一して表現する。

これらを活かし、「数十億種類のキーワードに対する検索」「一〇〇万単位の商品アイテム（SKU）別の購買時のレコメンデーション」といった、つい二〇年前から見ればほぼ奇跡か魔法といえることがインターネット上で可能になっていることを見ても、そのインパクトの大きさがわかるだろう。

なお「深層学習」は、情報抽出を多階層にわたって行うことで、高い抽象化（メタ化）を実現する機械学習の一つだ。(注3) 深層学習によって、これまで人間の指示なしで扱えなかった抽象的な概念を教え込まなくともコンピュータがみずから把握できるようになることが増える。結果、抽象概念の学習、取り扱いが一気に容易になる。

また、これまで人間が教え込む必要があった「分析の軸」（特徴量）も深層学習は自力で把握する。これまでの機械学習では、「特徴量」を設定するには、対象領域に対する知識や、人手による試行錯誤が要求されたが、深層学習はこれを不要にする。

いま現在、深層学習が確実に機能することがわかっている応用範囲は、画像認識、音声認識、薬物活性予測、ゲームプレーなどに限られているが、その実用化は、多くの分析的な活動にかつてないタイプの変化をもたらす可能性がある。

## ❷データ

どれほど機械学習、深層学習などの技術が発達しても、それらを正しく機能するように機械が学習するには大量のデータが必要だ。これを実現するのが、従来型の多様性が低く、リアルタイム性が少なくサンプルの一部しかカバーしないデータだけではなく、多様性とリアルタイム性の高い全量データ、つまり「ビッグデータ」の出現だ。

その背景には、従来のコンピュータ利用データだけでなく、ソーシャルメディアやセンサーから爆発的にデータが生まれ利用可能になっていることがある。

たとえば、スマホからは、GPS、磁気、加速度など搭載された多様なセンサーから大量のデータが発生する。これらのデータがたとえば人の歩き方、活動量、活動場所などの情報となり、それをベースに人間の関係性、お店や街の混雑状況、健康状態などの学習が可能になる。

ただし汚れたデータ、解析不可能なデータばかりではどうしようもない。どれほど大量のデータと優れた分析体制があったとしても、学習に使えるレベルのデータがなければAIは機能しない。十分に質の高いインプットがないとAIは機能しないのだ。

ビッグデータと機械学習は相互に入れ子の構造である。ビッグデータの活用には多くの場合、機械学習が必要であり、機械学習を磨くためにはビッグデータが有効だ。

## ❸情報処理力

以上の機械学習、深層学習の利活用の前提になっているのは、膨大なデータからのリアルタイムに近い学習能力の実現、すなわち、高い情報処理力だ。特に深層学習は情報の特徴抽出を多階層にわたって行うため、強い計算能力を有することが不可欠だ。

これまでバッチ処理でしか取り扱いが困難であった機械学習、深層学習をリアルタイムに近い形で処理していくことの効果は大きい。解析に一時間半かかっていたものが、一分（約一〇〇倍）、一〇秒（約五〇〇倍）で返ってくることで、データの持つ力を即座に利用できるようになるからだ。数時間前はこうでしたという話と、いまこれが起きています、という話の違いだ。

この変化は、個々の半導体チップの性能向上だけでなく、画像処理に本来特化したチップであるGPUの計算能力までも活用するようなアーキテクチャーの発達、利用可能なCPU／GPUの数が爆発的に増えること、加えて、Hadoop、Sparkといった分散処理技術、オンライン処理技術が広まることによって実現する。

以上に見てきた通り、ビッグデータが生まれ、情報処理力が爆増する一方で、情報の抽象化技術において深層学習という革新が起きている。

AIは機械、ソフトウェアによる知覚と知性の実現だ。もっとも初歩的には、自力で判断するものはすべてAIといえなくはない。サーモスタットや部屋の温度に合わせて活動を変えるエアコンもこの意味ではAIだが、本稿では、この情報科学、データ、情報処理力の三つを掛け合わせたもの、すなわち機械学習、自然言語処理など必要な情報科学を実装したマシンに十分な学習を行ったものをＡＩとして議論したい（図２－１「ＡＩにまつわる誤解」を参照）。

冒頭に掲げたＧｏｏｇｌｅフォトはまさにこの典型的な例だ。深層学習のアルゴリズムを実装した大きな並列処理のシステムに、グーグルがこれまで集めてきた膨大な量の写真を使って教育した仕組み（ＡＩ）を使い、情報処理を進めているのだ。

そもそも知性とは「さまざまな事柄を正しく理解し、経験から学び、分析的に考え、課題を解決する」力といえるが、「さまざまな事柄を正しく理解する」こと一つ取っても、抽象化して知覚する力が高くないと、たとえば腕時計とは何かさえ理解できない。

これまではコンピュータが対象物や言葉の意味を把握することまで人間は期待してこなかったが、ついにＡＩがそのベースになる特徴を自力で把握する（＝助力なしに区別する）ことが可能になってきた。機械が何らかの共通項をもとに概念をグルーピングし（＝気づきを得）、さらにそのグループ同士の共通項を抽出する力が跳ね上がっている。

しかも近い将来、この進化が止まる理由は計算力の限界以外にないように見える。人間にも見えていない特徴（共通項）を機械が発見し、それが活用される日はそれほど遠くないだろう。

深層学習を含めたＡＩが広まることによって、人間の知覚能力、認知的な仕事が劇的に機械にサポートされるようになる。

我々は歴史的な変曲点に立っている可能性が高い。

図2-1｜AIにまつわる誤解

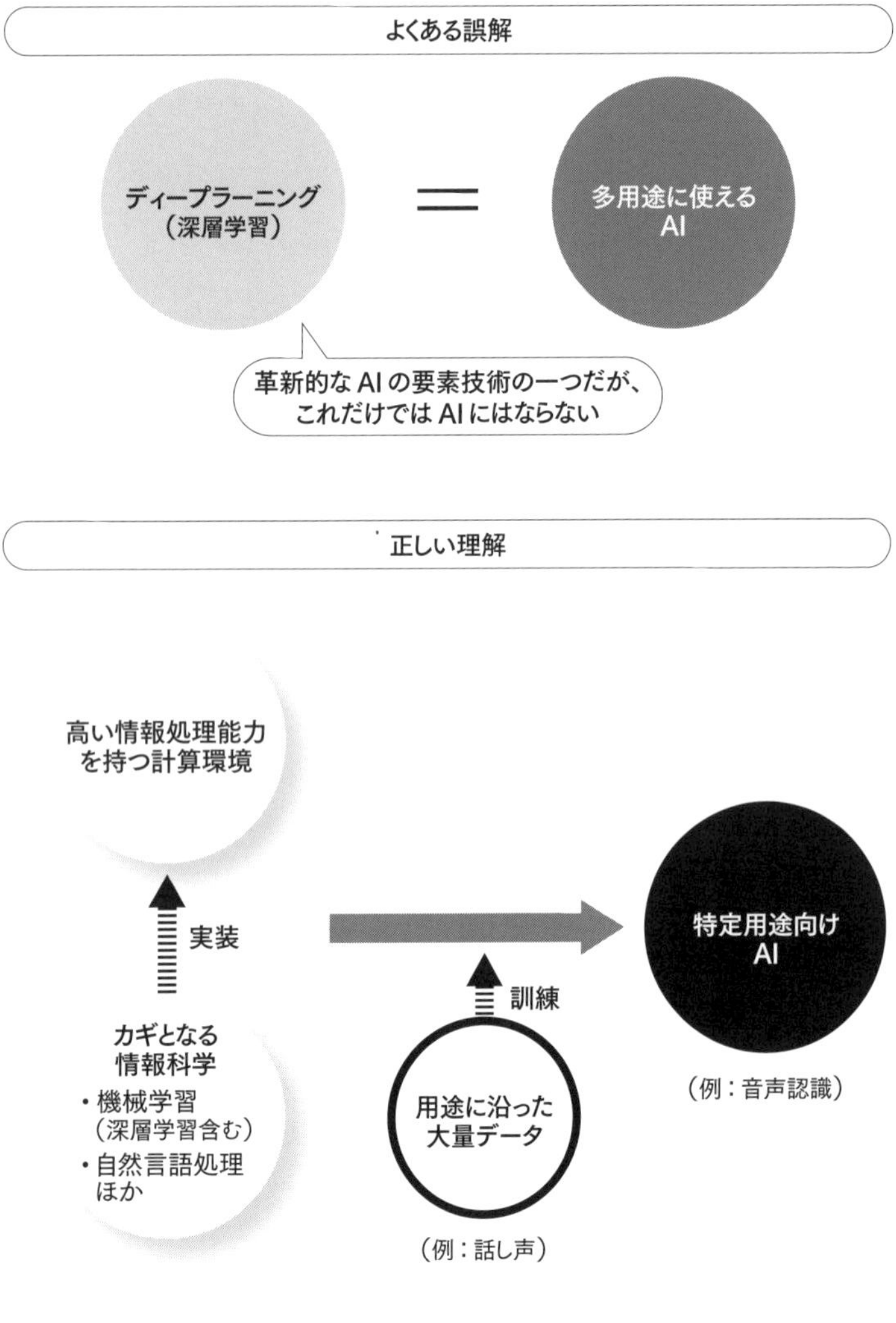

## ＡＩが代替する業務とは

以上の三つの変化により、目的が明確な情報処理や分析的業務の多くが自動化する。いわゆる情報をさばく、処理する活動においては、一定数の事例を教えて後は機械学習に判断させれば、これまで膨大な時間がかかっていた情報処理が驚くほど短い時間で終わるようになる。

さらに、この処理の最中も学習は進み、その精度はますます上がる。(注4) これは抽象的な推論や論理的な判断を含めた話だ。与えられたり、学習したりしたルールからの推論や過去の例からの推定は、劇的に自動化される。未知の関係性も大量に見つかるようになり活用が進むようになる。

機械学習をベースにしたＡＩの利用には主に三つに分けられる。「識別」「予測」「実行」だ。それぞれに現時点で見えている応用を見てみると、以下のようなものがある（図2－2「機械学習によるＡＩの利用用途の広がり」を参照）。

| 用途 | サブ用途 | 具体例 |
|---|---|---|
| | | ▶は実例あり |
| 実行 | 表現生成 | ▶要約、文章作成 |
| | | ▶翻訳 |
| | | ▶作曲 |
| | | ▷描画、イラスト作成 |
| | デザイン | ▷チャート作成 |
| | | ▶ロゴデザイン |
| | | ▶サイトデザイン |
| | | ▷薬の分子デザイン |
| | | ▷建築の物理設計 |
| | | ▶料理レシピづくり |
| | 行動の最適化 | ▶ゲームの攻略 |
| | | ▷配送経路の最適化 |
| | | ▷出店場所の最適化 |
| | | ▷パーソナライズ医療 |
| | 作業の自動化 | ▶Q&A対応 |
| | | ▶クルマの自動運転 |
| | | ▶キャップ閉めなどの手作業 |
| | | ▷保険のクレーム処理 |
| | | ▷SEOの自動調整 |
| | | ▷調理 |
| | | ▷手術 |

## 図2-2｜機械学習によるAIの利用用途の広がり

▶は実例あり

| 用途 | サブ用途 | 具体例 |
|---|---|---|
| 識別 | 情報の判別・仕分け・検索（言語、画像ほか） | ▶ウェブ検索、画像検索、曲検索 |
| | | ▶画像の仕分け・整理 |
| | | ▶音声入力・検索 |
| | 音声、画像、動画の意味理解 | ▶感情把握 |
| | | ▶生検スライドからのがん診断 |
| | | ▶動画内でのモノや絵の差し替え |
| | 異常検知・予知 | ▶不正（故障）検出・予知 |
| | | ▷天災検知・予知 |
| | | ▶容疑者の発見・予知 |
| | | ▶潜在デフォルト顧客の発見（金融） |
| | | ▶剥落顧客の事前把握（通信） |
| 予測 | 数値予測 | ▶売上・需要予測 |
| | | ▷経済指標予測 |
| | | ▷選挙結果予測 |
| | | ▷保険リスク予測 |
| | | ▶与信スコアリング |
| | | ▷発がん・発症リスク評価 |
| | ニーズ・意図予測 | ▶ユーザー関心の自動推定 |
| | | ▶消費ファネル上のステップ把握 |
| | | ▶興味を持つ服の自動推定 |
| | | ▶個人レベルでの発注予測 |
| | | ▶販促タイミングの最適化 |
| | マッチング | ▶コンテンツマッチ広告 |
| | | ▶ウェブでの自動接客 |
| | | ▶商品レコメンド |
| | | ▶検索連動広告 |

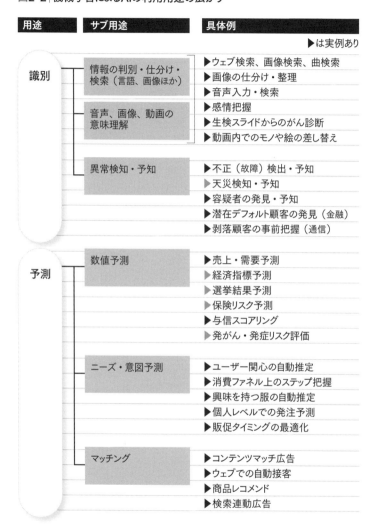

❶識別

- 情報の判別・仕分け・検索（言語、画像ほか）
- 音声、画像、動画の意味理解
- 異常検知・予知

❷予測

- 数値予測
- ニーズ・意図予測
- マッチング

❸実行

- 表現生成
- デザイン
- 行動の最適化
- 作業の自動化

二〇四五年にシンギュラリティ（技術的な特異点）が来てコンピュータが人間を超えるという説があるが、以上の活動の多くで、すでに二〇一五年夏の現段階でも、人間が太刀打ちできないものが多いことは認識しておく必要がある。

ＡＩに任せるとなると、作業の頼み方も変容する。

これまで人間の世界では「軸はこう取って、こういう比較をして、データは〇〇を使ってチャート化してほしい」というような具体的な指示が多くあった。しかし、深層学習を実装したＡＩに対しては、むしろ「〇〇のメッセージが出るようにチャート化をしてほしい」（最終アウトプット）と指示を出し、その方法やプロセス（how）については機械に任せる世界になっていく。

これらの変化は、最初はゆっくりと起きているように見えるかもしれないが、データやコンピューティングパワーの爆増に伴って、技術的にも適用範囲が幾何級数的に進んでいることが明らかになる。人間は、急速で幾何級数的な変化を理解することができないのが欠点だとよくいわれるが、それを乗り越えていま、我々は未来を見据える必要がある。

従来型の業務の進め方が、このように機械学習を利活用したアプローチに変わることで、情報処理的な業務は、生産性、そこから先のスケール拡大のしやすさ（スケーラビリティ）とともに桁違いに向上する。また、ＡＩが人間の既存の活動を代替するだけでなく、ＡＩの活用が新たな付加価値を生み出すことも広がっていく。

ＡＩは分野を問わないインターネット同様の汎用技術だ。この影響をあまり控えめに考えていると、足をすくわれる可能性がある。ＡＩとデータが産業革命（第一の機械化）の時のような不連続変化、情報産業革命（第二の機械化）を引き起こす可能性は高い。

## ＡＩと人間の棲み分け

ただ、いかにこれまでにない変化が起きているといっても、ＡＩは知性のすべてをカバーするわけではない。ＡＩの全体像を把握するには、ＡＩができないことを認識することが欠かせない。

### ❶ＡＩには意思がない

ＡＩには個体としての意識がない。情報を処理する機械にすぎないため、どうありたいという願いや欲望も、判断のベースとなる価値観、性格もない。そのためどのような状態をどう目指すべきだという、いわゆる目標設定、ゴール設定、ビジョンを立てることができない。(注5)

同じ状況にあってもどのような状況を目指すかというのが人それぞれであるように、経営者、責任者が変われば会社や事業の性格が変わる。ゴール設定は人間の意思が生み出す重要な機能として残る。

識別と実行を組み合わせたＡＩベースのパーソナルアシスタント（注6）があたかも人格を持つように振る舞うため勘違いしがちだが、マシンに機械学習を搭載したからといって、自我や意思が自発的に生まれることは当面考えられない。（注7）

## ❷ＡＩは人間のように知覚できない

肌触り、気持ちよさ、美しさなど人の価値観の多くは、ロジックというより感じ方や感情と連動している。「このペンを手に持っているとなんか気持ちがよい」とか「なんか書き心地がいい」といった感じ方ができるのは、人間が大きさと重さ、柔らかさのある手や指を持ち、そのうえ、さまざまな感覚器をこの密度で手のひらや体全体に持っているからだ。その感じ方を、ＡＩが持つことはない。

一般的なペンに対して、人間が共通して気持ちいいと感じる状態は認識できても、まったく新しい形の筆記具への評価はできない。人間の身体が生み出す生の知覚、モーリス・メルロ＝ポンティの言うところの「〈肉的な〉経験」（注8）が欠落しているのだ。色、香り、肌触りなど物理量ではない質感の理解をＡＩに期待することはできない。（注9）

また、感情は扁桃体などの我々の脳の構造から生まれるため、ＡＩは感情を識別できたとしても感情（好き嫌いの判断）を持たない。したがって「この辺が気持ち悪いからスッキリさせよう」などという問題意識をＡＩが自発的に持つことはない。

### ❸ＡＩは事例が少ないと対応できない

ＡＩは前例、類似事例をもとにそこから状況を認識し、論理的に判断する。この強みが裏目に出る。

人間は前例のない状況でも、普通には利かないアナロジーを利かせ、見立てていく。一回や二回の経験からも即座に気づき、学ぶ、これは生命にとってのある種のサバイバルスキルといえる。

ＡＩの情報をメタ化して把握する力がどこまで上がるか次第ではあるが、当面この問題は続くだろう。

### ❹ＡＩは問いを生み出せない

ＡＩは、問いを投げかける力を持たない。計算はできるが問題や式をつくれない電卓に似ている。生産的な批判もできない。

人間の知性の源といえる「複数の視点から本質的なポイントを見つける」「コンテキストに

合わせた現象の総合的な理解とその意味合い出し」というような広く深いパターン認識も期待するのは困難だ。「こういう事実がわかり、この間見たこういう報告、また異なる分野でのこういう変化を見ると、実はこういうことが起こっているんじゃないか」というような、知的生産の基本になるような投げ込みは期待できない。

言い換えれば、ＡＩは我々が日々普通に行っている問題提起、課題設定ができないのだ。問いの投げ込み、解くべき課題（イシュー）の明確化、その先の入り組んだイシューや事象の切り分け、構造化は人間の仕事として残る（図2－3「課題解決プロセスにおけるＡＩのボトルネック」を参照）。

### ❺AIは枠組みのデザインができない

オプション出し、課題に沿った判断の軸整理、総合的なデザインなど、生活や経営のさまざまな局面で求められる多面的な価値観を伴う判断は、問題のフレーミング（スコープ、枠組みの整理）からみずから行う必要がある。場合によっては新しいコンセプトを表す言葉を生み出す必要もあるが、こうした判断を下すことはＡＩには難しい。

明確な目的を持たせてロゴやウェブサイトなどをデザインするのはＡＩでも可能となるが、「何をやらせるかをデザインする」こと、それを言語化、可視化することは人間の仕事として

図2-3｜課題解決プロセスにおけるAIのボトルネック

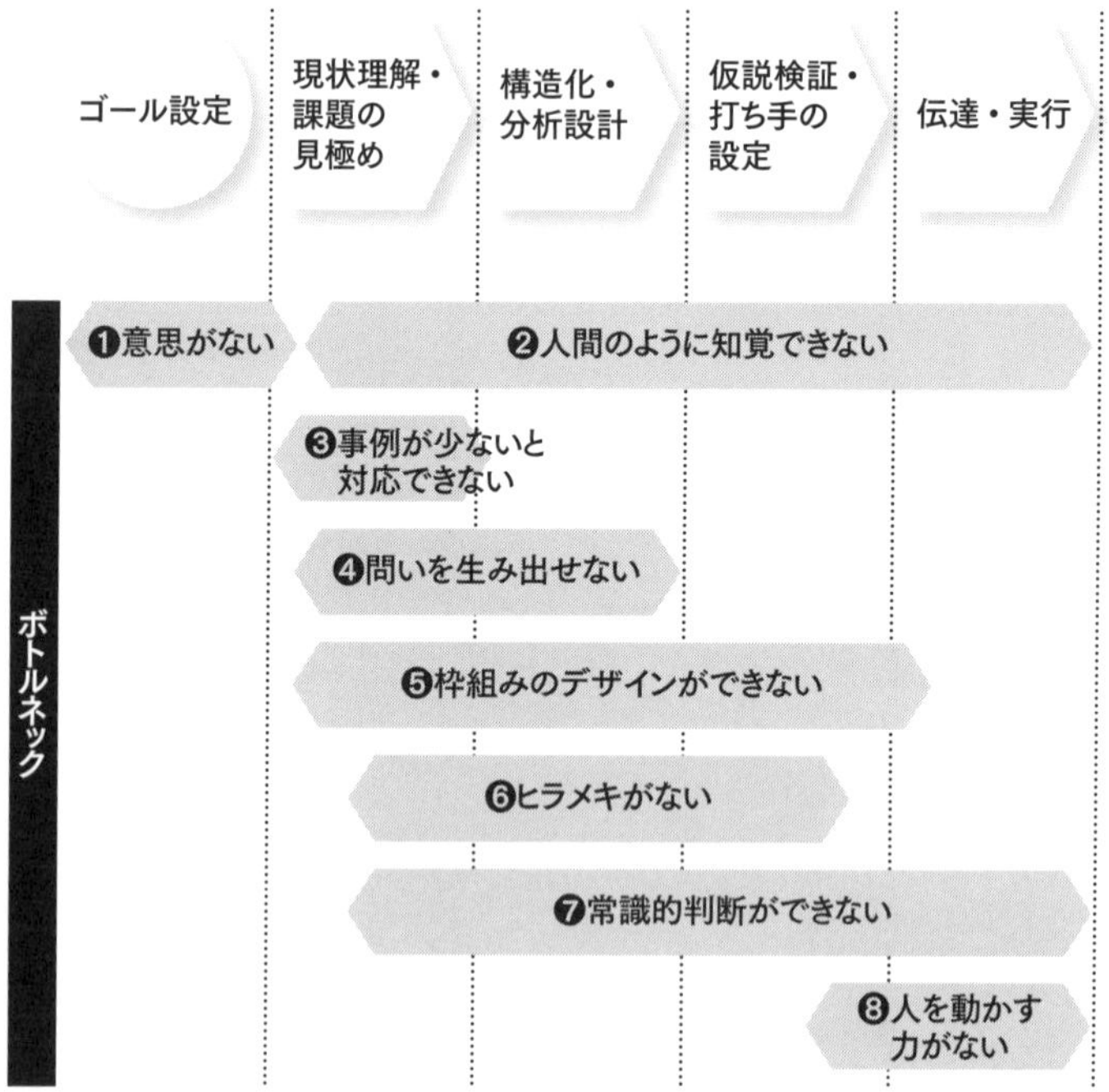

残る。全体として俯瞰し、機械で何をするかをデザインするのは人間の仕事だ。

### ❻AIにはヒラメキがない

セレンディピティ、out of box thinkingといわれている「普通には思いつかないアナロジー」「まったく新しい組み合わせ」などにハッと気づく力だ。

たとえば二枚の布を貼り合わせれば袋をつくることができるが、一枚の紙でも丸めれば筒になる。このようなことをAIが自力で気づくことはない。

AIは、人間がこれまで気づかなかった関係性を異質なデータを投げ込むことで見つける可能性は大いにあるが、その意味合いを自発的に見出すことは難しい。つまり、クリエイティブな思考にとても強いわけではない。

### ❼AIは常識的判断ができない

人としてのルールと常識的判断は、我々一人ひとりが社会での膨大な経験の中から学んできたものであり、AIにある程度は教え込むことができても、すべてについて我々が言語化し、教えることは困難だ。

またこれは場面、社会、時代によっても異なり、我々自体が「郷に入れば郷に従え」とみずから言い聞かせている通り、常に人間自身が学習しつつ環境に適合している部分でもある。空気感的に状況変化していくようなものも含めて、教え込んでいくのは現実的ではない。

たとえば、「人を傷つけてはいけない」などの普遍性が高く不可欠なルールは教え込むとしても、細かいところや場面による違いに至るまでＡＩに教え込むことは当面のところ相当難しい。幼稚園児など、小さな子どもを大人の会話の横に座らせておくと時たま、不適切な発言や行動をしてしまうことと似た問題だ。

### ❽ＡＩには人を動かす力、リーダーシップがない

ＡＩはどれだけ論理的で、洞察に富む、効果的な提言ができても、対人的な影響力を持つのは困難だ。デリケートかつ複雑なコミュニケーションも当面できそうにない。

この世に絶対はなく、これら八つは今後もそうであり続けるとは言い切れないが、いずれも解決が困難であることは確かだ（これらＡＩにできないことから、人間の知覚および知的プロセス全体におけるＡＩの現状を比較すると、**図２－４**「知覚と知的能力の広がりにおけるＡＩの現状」のようになる）。

以上の機能はいずれも大半の知的生産、労働において不可欠だ。したがって、知的生産全体

においてＡＩは人間を代替するというより、人間を幅広くアシストする存在になる。その結果、特殊な知識と訓練を積んできた多くの知的専門職（会計士、法律家、医師、航空パイロット、建築家、石油地質学者など）の仕事の相当部分が自動化する。

これらのプロの仕事は、こういうＡＩを使い倒しつつ価値を提供するように変わっていくだろう。

## AIが事業に与える五つの影響

このようなＡＩの得意な領域と、ＡＩと人間の棲み分けを踏まえると、ビジネス全体として少なくとも五つの影響が起きると考えられる。

### ❶一定規模以上の組織はすべてAI×データ的な取り込みが不可避になる

すべての事業は問題解決プロセスであり、事業がある程度以上の規模になれば、データドリブンになることは必然である。商品開発、製造、物流、販売、サービス、いずれの業務も同様だ。加えて、大半の業務には「識別」「予測」「実行」の視点で、自動化しうるものが多く存在

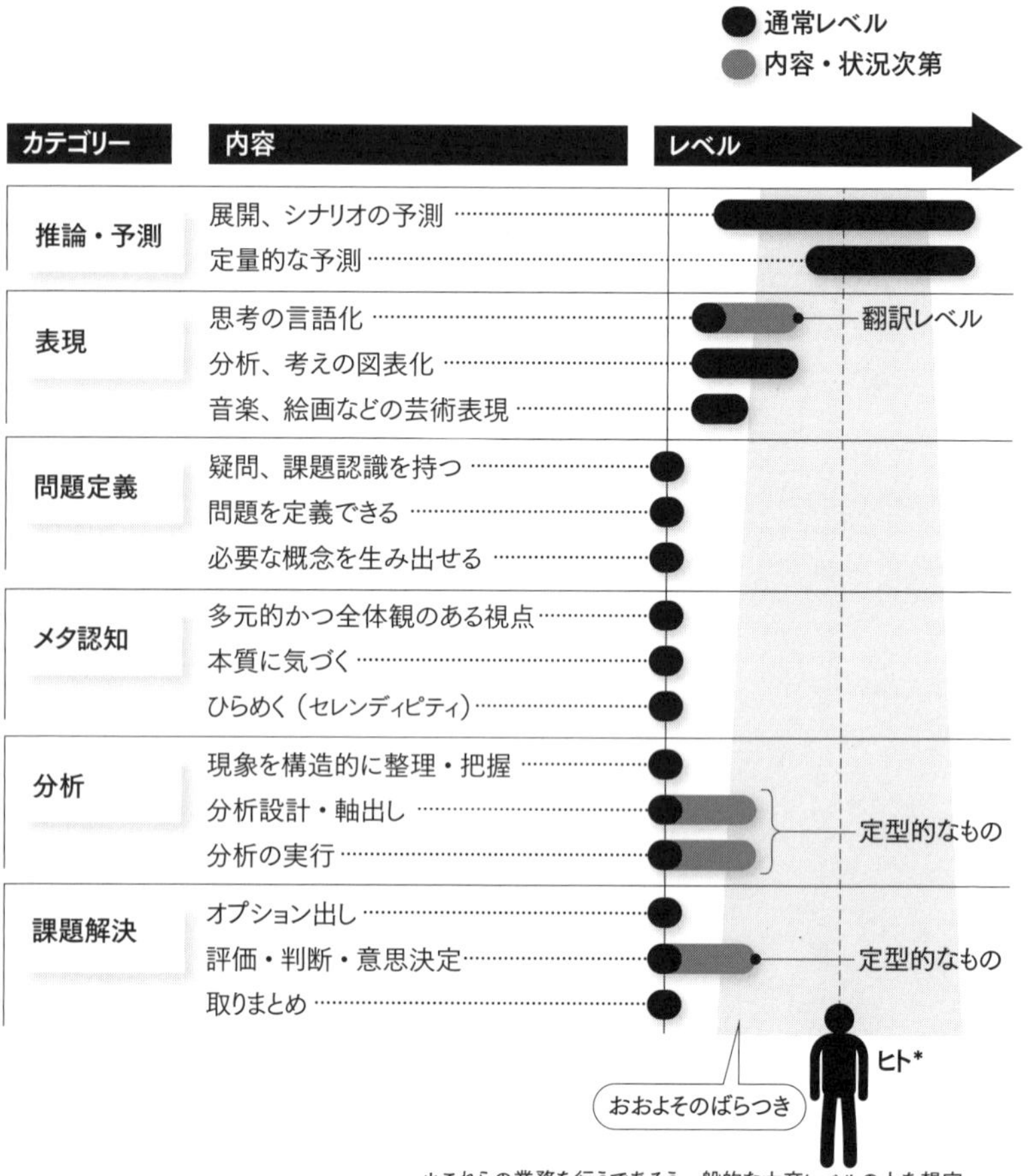


*これらの業務を行うであろう一般的な大卒レベルの人を想定。

図2-4｜知覚と知的能力の広がりにおけるAIの現状（2015年夏段階での見立て）

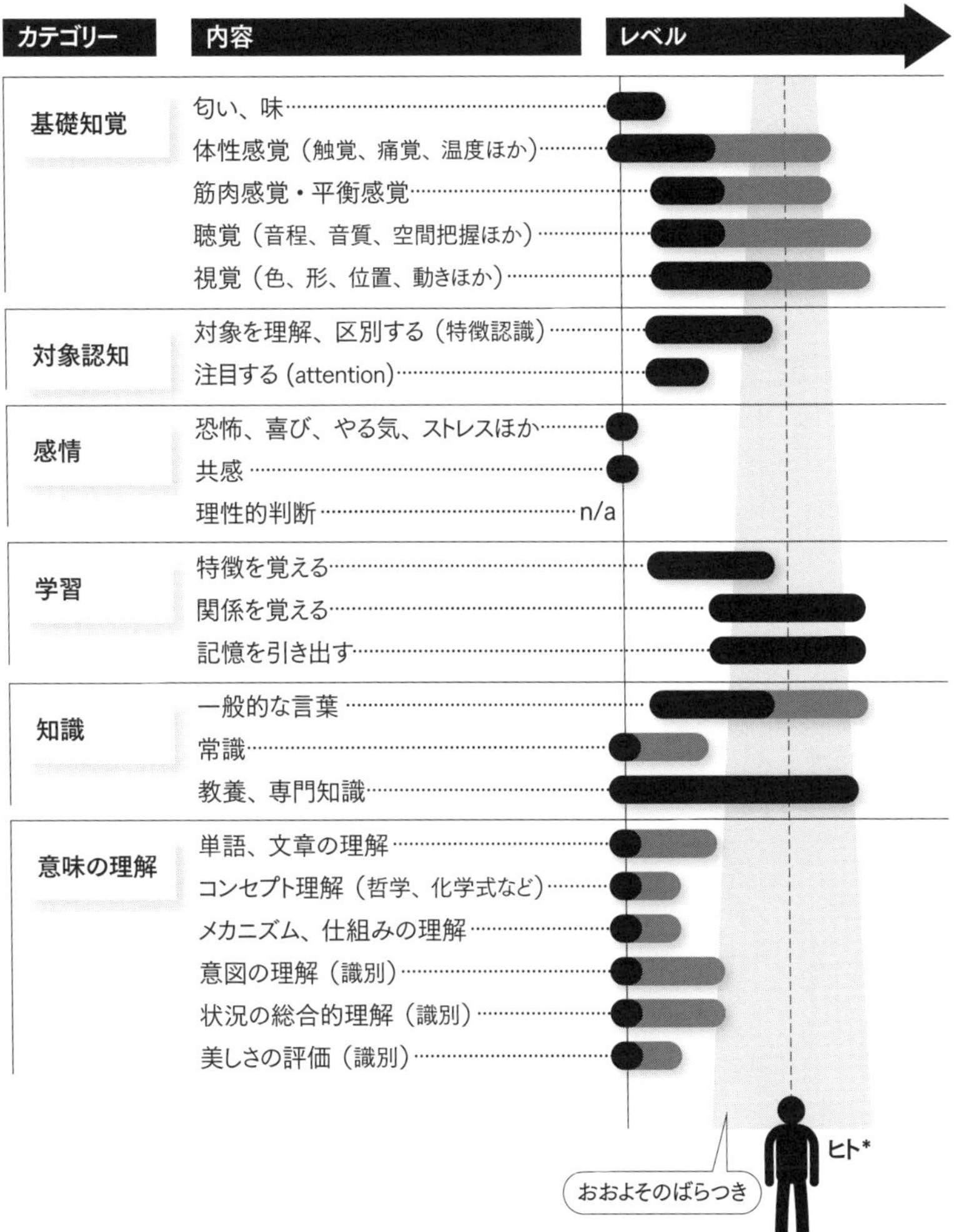


＊これらの業務を行うであろう一般的な大卒レベルの人を想定。

している。

「自社が最初にやる必要はない」と思われるかもしれないが、ここから起きる変化が幾何級数的に起きるため、スタートの出遅れによるダメージは大きい。自分たちが始めなければ、必ず他の競合や新規参入者が先に始めることになる。

ＡＩがデータから学習するように、組織もみずからの経験から学ぶ。この双方の学びが効き、先に始めた企業には学習優位が強く働くことになる。先行企業がＡＩとデータを使いこなして事業や機能をうまく回す方法を見つけ出す頃には、追いつくことはかなり困難になる。業界や機能を問わずＡＩとデータの利活用が、生産性を上げる基本的なレバーの一つになっていく。

### ❷意思決定の質とスピードが上がる

これは戦術レベルでも戦略レベルでも起こる。戦術レベルでは、日常オペレーションの判断においてその多くを機械に任せることができるようになり、人はより難しい問題に集中できるようになる。

戦略レベルでは、情報が生々しく可視化されてくるため、意思決定の質が上がる。基本となる経営分析や経営ダッシュボード的な機能の多くは自動化されていくため、人手を煩わせずに、リアルタイムに近い形で情報が可視化される。全量データを活用した判断が基本になり、これまで切り捨ててきたN数（サンプル数）が少ない部分（いわゆるテール）も含めた特徴や意味合いが見えるようになってくることから、より精度の高い意思決定につながる。

また、これまで人手をかけなければ価値の抽出が困難だった構造化されていないデータ（ツイートやコールセンターへの声、営業と取引先の情報のやりとりなど）からも自動処理の活用により情報を得られるようになる。これにより不連続な変化や異常の検知も格段に早く正確になる。

### ❸状況把握から打ち手までが一つのループになる

AIを導入したプロセスはPDCAのサイクルが本質的に変化する。一度PDCAサイクルを回し始めたら、機械が自動的にかつ止まることなくこのサイクルを回すことになる。つまり自動化された「テスト&学習」がオペレーションに組み込まれていく。

たとえばリアルタイムの顧客対応、不正検知・対応などが「識別」可能となり、対応結果からの学びも即座にフィードバックされていくようになる。「予測」の広がりで与信スコアリングや需要予測がなされれば、そのままレート算出や受発注につながっていき、その結果がまた次の予測に反映されていく。

マーケティングも消費者の意図を予測し、顧客の意思決定の流れに沿ってインタラクションを提供するオンデマンド的なものになっていく。同時に、そこからのフィードバックを即座に反映するループが回るようになっていく。

## ❹集合知的なAIをつくれるかどうかのゲームになる

ＡＩでは、病理診断であれ、音声認識であれ、機械が学習する元データが豊かになればなるほど正確さが増す。データを提供する人の数が増えれば増えるほど、機械は「賢く」なるのだ。逆に、一人のデータだけを使っても、ＡＩはほとんど役に立たない。

このように同じＡＩプラットフォームを使う人同士は、情報からの学習効果を相互に使えるようにすることが前提になる。集めれば集めるほど、ＡＩの生む価値が高まるからだ。プライバシー問題への配慮は必要だが、ＡＩの恩恵を受けることの価値を多くの人が理解し、受け入れてもらうようになっていく。つまり、自動化における集合知が一般化する。

この延長で考えると、スケールのあるデータホルダー間や、データホルダーとＡＩプラットフォーム間のコラボレーションが価値を生むことは明らかだ。このような特質を持つためＡＩゲームにおいては、合従連衡、データ＆ＡＩという意味での利活用連合が大きく進む可能性が高い。

## ❺ヒューマンタッチがより重要になる

情報処理の仕事の多くが自動化すれば、当初はプラットフォームの良し悪しのゲームが相当あるが、いずれこなれてくれば機械にできない人間的な接点（ヒューマンタッチ）がこれまで以上にビジネスでの価値創造、価値提供の中心になっていく。

人間は合理性を求める一方、人の温かみ、ヒトを通じた価値を大切にする生き物だ。ＡＩが毎回正確に同じものを提供してくれるサービスと、不揃いでも誠心誠意、生身の人が提供してくれるサービスなら、後者の価値が高いケースは多い。

デザインにおいても、単にＡＩによって過去の知見を活かし最適化されたものより、ヒトがヒトならではの感性と技を活かし、こだわり抜いたものにはセレンディピティとヒューマンタッチが感じられ、付加価値はずっと高い可能性が高い。

ＡＩとデータに得意なことはＡＩとデータに任せ、浮いた余力をこういうヒトにしか生み出せない価値の打ち出し、ヒトにしかできないこだわりや温かみの実現をどうやって行っていくかがビジネスの勝負どころになっていく。

## ＡＩはマネジメントの概念を変革する

産業革命により肉体労働、手作業の機械化が起きた時は、生産性向上に伴って生まれた巨大な組織や体制を支えるために「マネジメント」そのものの発明が必要だった。情報処理や事業に対してこれほどＡＩが影響を与える以上、当然のことながら、マネジメントも大きく変わる必要がある。

実際にはＡＩの導入フェーズによってマネジメントに求められる変革の内容が変わってくるが、ＡＩ利用がある程度進んだ次の段階では、マネジメントは五つの点で質的に変容する。

### ❶経営資源は「ヒト・モノ・カネ」から「ヒト・データ・キカイ」へ

経営とは「変化に機敏に対応しつつ、経営資源の差配を通じ、目指す姿を実現していくこと」といえるが、今後マネジメントの重要な仕事の一つは、モノ・カネ以前に「人間はどこで価値が生み出せ、どこはキカイ（ＡＩ）とデータの判断に任せるべきか」を判断することになる。ヒト・データ・キカイだ。

モノ・カネの必要性は消えないが、主体はそれを管理するデータ・キカイ側に移っていくことになるだろう。

現在、モノ・カネ側のリソースを主として強みとして持つ企業と、データ・キカイ側のリソースを主として持つ企業が混在しているが、興味深いダイナミクスが今後起こるだろう（図2-5「二つの経営資源」を参照）。

AIが日々の意思決定をサポートする時代においては、データの民主化を推進して初めて、AIがもたらす膨大なポテンシャルやインサイトを活用できるようになる。

現場が上の判断を求めることなく、AIとデータを用いて、洞察を得、それをもとに日々の業務を回していくということだ。これまでのようにトップマネジメントが情報をすべて押さえ、それをベースに組織をコントロールしようとするのは無理になる。

このような時代では、マネジメントとしても一人のプロフェッショナルとしても、機械とうまく働けるかどうかが問われるようになる。この新しいチカラを十分に引き出せるかどうかは、シニアマネジメントがデータやAIの能力、限界に精通しうるか次第といえる。

いったん何らかの作業が自動化されると、一人ひとりの役割と責任に対して不可逆的な変化が起き、人間がやる仕事を再デザインする必要が出てくる。

たとえば現在のデジタルマーケティングの世界のようにプライシングを自動化すれば、収益

図2-5｜2つの経営資源

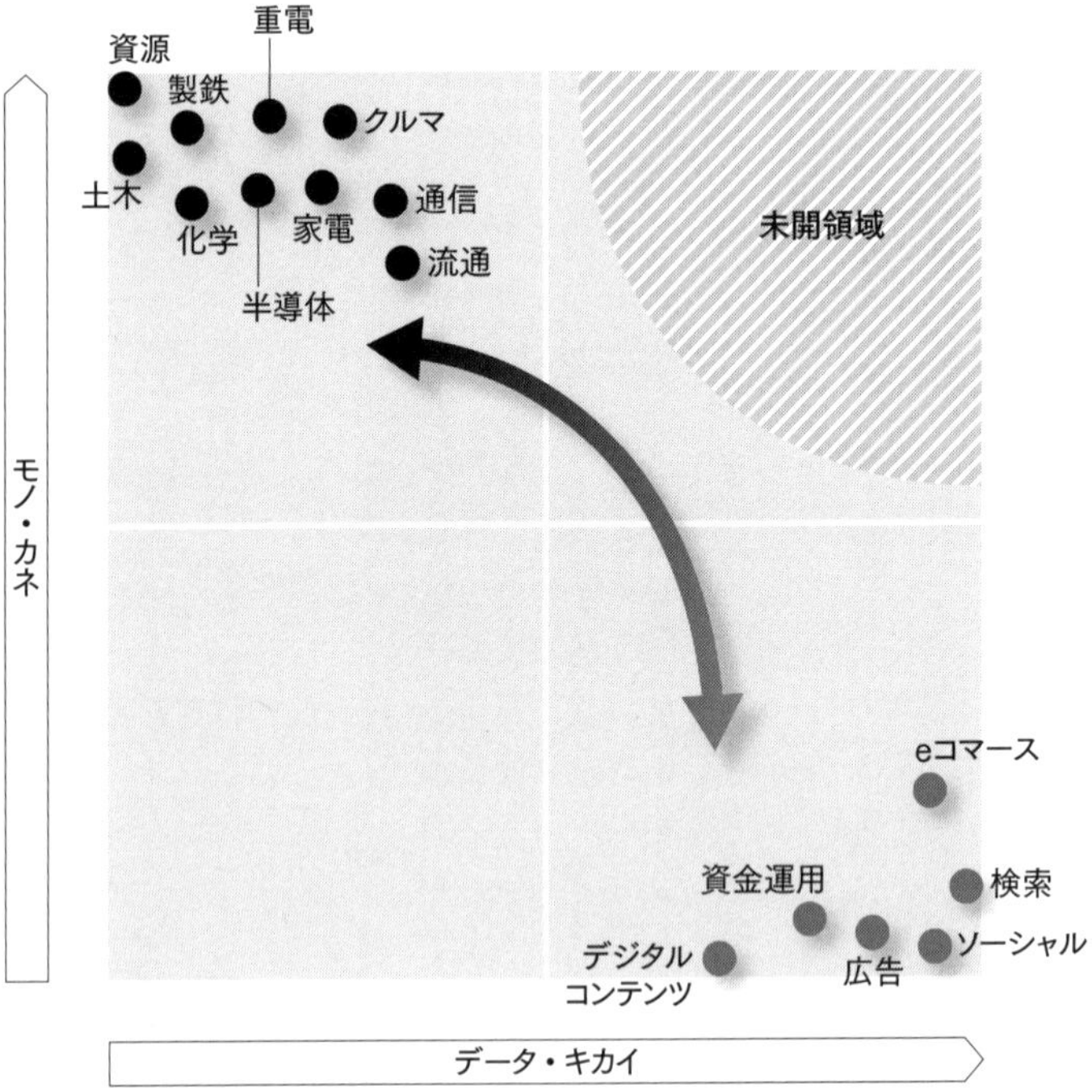
重電
資源
製鉄
クルマ
土木
通信
化学
家電
流通
半導体
未開領域
モノ・カネ
eコマース
資金運用
検索
デジタル
コンテンツ
広告
ソーシャル
データ・キカイ

レバーの一固まりは機械によって生み出されるようになる。これらの技術の利活用を最大限テコにし、支えるように人の役割を設計していかないといけない。

## ❷目指す姿を設定し、正しい問いを投げかけることが業務の中心に

正しい相手に対して、正しいタイミングで正しい質問を投げかける力はコンピュータに当面、あるいは永遠に期待できない。目指す姿を定めることも同様だ。

これまでマネジメント業務の中心にあるのは、実行（execution）を担保するための指示や実行管理だった。AIによる自動化が多面的に進めば、指示というより問いを正しくフレームして（枠組み化して）組織に投げ込めるかがマネジメント業務の中心になる。

正しい問いを投げかけるためには、これまで通りの「皮膚感覚、データになる以前の一次情報を活かした、市場や事業環境に対する深い洞察、事業そのものの深い構造的な理解」に加えて、「AI、データ領域への正しい理解」が重要になる。

日々、生み出されるデータの量が爆発すればするほど、マネジメントは優秀なスタッフにデータのふるい分けと意味合い出しをまるごと頼んでしまい、消化しやすいチャートや分析結果だけを見て判断しがちだ。分析作業の多くが自動化する世界では、これが大きな危機やチャンスの見落としのリスクを生む。「全体としてどのように構造的に事業全体を考え、何をウォッ

チするべきか」を考えることは、これまで以上にマネジメントの仕事として大切になっていく。

## ❸異常値対応が重要な責任に

一度自動化すると決めたことは、AI×データに純粋に任せたほうが正しいことが多くなる。どれほど経験知の高いマネジメントであろうと、自動化されたオペレーションに変に口を出すと、より悪い結果が起きるケースが多発してくる。

つまり、これまで通り、データに基づいて、人間が最終的な意思決定を行う、というデータドリブンのやり方の延長では回らなくなる。見立てや勘の役割は意思決定そのものというより、AIとデータ利活用全体のチューニング的なものに変わっていく。

データの質がよくなり、AIが賢くなればなるほど、これまでは見えていなかった「いまこのような問題、あるいは例外的な動きが起こっている」という異常検知の感度は飛躍的に高まっていく。

このような異常検知時に、すみやかにその重要性を判断し、正しく、そして「厳しい」問いを投げかけ、原因を解明し、調整し、ガイドしていくのがマネジメントの重要な責任になる。

## ❹ＡＩ化する系の全体をどう制御するかが大切に

ＡＩに任せる部分は多かれ少なかれブラックボックス化する。これから発生するリスクマネジメントをどう考えるかは、マネジメントの重要な判断になる。

二〇〇八年のリーマンショックは、ＡＩ的なアルゴリズムの中身を理解しないまま、機械に業務を任せることのリスクの大きさを赤裸々にした。『ウォール街の物理学者』(注10)などの振り返りによると、当時、シニアマネジメントはおろか、トレーディング現場のマネジャークラスですら、クオンツと呼ばれるアルゴリズムの世界でどのような前提が置かれ、どのような判断が行われているのか、わかっていなかったという。これは世界最高クラスの金融機関での話だ。

とりわけ金融や原子力制御のようなミッションクリティカルな領域においては、中身がブラックボックス化しやすいＡＩ化には慎重な判断が必要になるだろう。

この解決のためには、機械に任せずにコントロールする変数を決め、その変数をコントロール可能なダイヤルとして確保することが決定的に重要になる。

会社全体として多くの機能が自動化した世界は、ある種、地雷原となるリスクもある。発生確率は低いとはいえ、自動化が過度に相互依存しないなど、システムの全不全（systemic failure）に陥らないようなマネジメント上の工夫も必要になるだろう。

## ❺ソフトなスキルがこれまで以上に重要に

これまでも人を理解し、奮い立たせ、動かすことはマネジメントの重要な能力であったが、今後は人間に理解できる言葉でＡＩと人間の世界をつなぐソフトなスキルが、マネジメント能力として重要になる。

誰も機械に指示されたいなどと思っていない。どれほどＡＩが発達しようと、多くの人から成る部隊や会社全体を鼓舞し、顧客に深く共感したり、一人ひとりの才能の特徴に目をかけたりしながら、育成していくという点では、人間はＡＩより圧倒的にアドバンテージを持った（というより勝負にならない）状態が当面続く。

ＡＩとデータから生み出されるインサイトを、現場の一人ひとりの人たちにきちんと届くように、文脈も含めて落とし込み、ていねいに伝達するスキルはこれまで以上に必要になる。ＡＩが意思決定にここまで深く関わるようになると、組織内のコミュニケーションはますます重要になる。また移行期においては、自動化、これまでのタスクの喪失に抵抗する勢力がほぼ確実に、しかもまとまった数であらゆるファンクションで発生するだろう。

彼らの知恵を活かしつつ、新しい取り組みに対する害をなさないようにするためにも、シニアマネジメントの事業変革を行っていくソフトなスキルが、今後、より大切になる（図2－6「ＡＩとデータによるマネジメントの変化」を参照）。

図2-6 | AIとデータによるマネジメントの変化

| | これまで | | これから |
|---|---|---|---|
| 経営資源 | ●ヒト・モノ・カネ | ▶ | ●ヒト・データ・キカイ |
| マネジメントの主要業務 | ●実行を担保するための指示や実行管理 | ▶ | ●何を見るべきか見極め問いを正しく投げ込む |
| 注力対象 | ●通常の意思決定 | ▶ | ●異常値対応 |
| リスク管理の主要対象 | ●情報管理<br>●不祥事、事故 | ▶ | ●ブラックボックス化<br>●システムの全不全 |
| ソフトスキルの役割 | ●人を理解し、奮い立たせ、動かす | ▶ | ●左に加え、AIと人間の世界をつなぐ |

## 新しい波に「乗らないメリット」はない

我々は大きな歴史的な変曲点に立っている可能性が高い。

内燃機関、電気、化学、原子力、半導体、遺伝子工学など、これまでの技術的革新がそうであったように、人間は利用可能になった技術は必ず使う生き物だ。逃げることが許されないなら、飛び込み、使い倒し、学びを増やしていくのが正しい。大きな技術の変化はこれまでも力のある企業の多くを入れ替えてきたからだ。

新しいAIはこれまでにない大きなポテンシャルを持つことは事実だが、人間が担うべき役割、人間にしかできないことの広がりがとても大きいことも事実だ。データとAIによる新しい機械化、自動化は人間が本来拠って立つ役割を赤裸々にする。

これまで人が担ってきた「識別」「予測」「実行」業務が自動化する一方で、「事業環境を総合的に見立て、そのうえで、どのように進めるべきかを考える」ことは人間の仕事として残る。組織を率いる力も、人を奮い立たせる力も交渉する力も機械にはない。仕事や会社がなくなるなどと心配している暇があれば、さっさと自動化できるものは自動化して、人間が人間らしい価値を提供することに集中できるようにするべきだ。

核になる経営資源も「ヒト・モノ・カネ」から「ヒト・データ・キカイ」に移っていく。マネジメントは問いかけること、ゴールを設定することをベースに、異常値対応、リスク制御が重要な業務になる。このうえで、ヒューマンタッチが事業においても、経営においても要になっていく。これだけの変化が新たな事業機会を生み出さないわけがない。腰を据えて新しい技術の波に向かい合う時が来ている。

## AIを有する企業よりデータを持つ企業が強くなるか

かつて世界のコンピュータは五つになるという話があったが、それと同じく、広範な能力を持つAIは世界で数十も生まれない可能性がある。巨大なデータホルダーでありながら、巨大なコンピューティングパワーを持ち、十分な情報科学技術を持つ会社となると限られてしまうからだ。生み出されるAIがオープンになるのかクローズになるのかで、だいぶ違う様相になるだろう。

画像処理、音声処理などの専門の要素技術ごとに技術提供者が現れる一方、コールセンターでの顧客対応など特定の機能において統合したプラットフォームをいち早く展開するプレーヤーも多く出てくるだろう。その場合、すべてを自力でやるより、こういうソリューションをいかにうまく早期に取り込むかが大切になってくる。

こうなると、現在、これらの技術を持たなくとも巨大なデータを持っているデータホルダーの力は技術がこなれてくるにつれ、とても大きなものになる可能性がある。結局、AIが生む価値はデータを利活用する場からしか生み出せないからだ。AIの学習を行うためにデータの流通プラットフォームや市場が生まれる可能性も十分ある。不連続なシフトが起きる局面特有の下克上が十分に起きやすいタイミングといえるだろう。

以上を踏まえると、企業についてはデータとAIの有無によって今後、資本主義的な分断が起きる可能性がありうる。

これらを強い順に並べると、次のようになる。

❶データもAIも持つ会社
❷データを持つ会社
❸AI技術を持つ会社
❹どちらも持たない会社

この場合、データもAIも持つ会社はこれまでのモノ・カネを持つ資本家とは異なるタイプの世界への影響力を持つようになるだろう。

【注】

(1)サービス立ち上げ当初、仮に一人につき、一日一〇〇枚、同時に一〇〇〇万人しか利用者がなかったとしても、毎日一〇億枚、当初上がっていたことになる。このランダムに上がる写真の仕分けや合成を人手でやれば、一人一日せいぜい五〇〇〇枚程度ぐらいしかできないことを考えると、二〇〇万人日必要。すなわち一〇〇〇人でやったとしても労働ベースで二〇〇〇日かかるわけだが、これが毎日平然と処理される。

(2)AIの実現に必要な基礎技術には機械学習、データマイニングの他にも、人間が普通に使っている言葉をコンピュータに処理できるようにする「自然言語処理技術」、画像をコンピュータに処理できるようにするための「コンピュータビジョン」、手や身体の機能の実現を図る「ロボティックス」などがある。

(3)学習によってつながりの強度が変わる神経系の接合部分(シナプス)を模したニューラルネットワークの一種。脳神経系のように多層の情報処理を行う。大量のデータとハードウェアの性能向上によって花開いた。

(4)ただし機械学習には通常少なくとも数千レベルの学習データ、パラメーター数が万単位と多い深層学習の場合、さらに桁違いに多いデータが必要。手法、モデル、データ次第だが、日や週単位の教育が必要なケースは珍しくない。

(5)単なるPDCAサイクルでのアルゴリズム的な定量目標ではなく、事業、チーム、自分としてどういう姿を目指したいのかという定性部分も含めた総合的な目標、アスピレーション設定。

(6)アップルのSiri、ウィンドウズフォンのCortana、マイクロソフトの展開するLINE上の女子高生AIアカウント「りんな」など。

(7)脳のように複数の積層したニューラルネットワークを相互に構造を持たせてつなぎ、十分な入力を与え、出力する仕組みをつなぐことができれば、何らかの意識が自発的に発生する可能性は否定できないが、いまのところ空想の域を出ない。

（8）モーリス・メルロ＝ポンティ『メルロ＝ポンティ・コレクション』ちくま学芸文庫、一九九九年、p一五二〜一五六。「〈肉〉の経験」とも（M・メルロ・ポンティ著『見えるものと見えないもの』みすず書房、一九八九年、p二〇七〜二一〇では「肉的経験」）。

（9）いずれも脳神経系の中で刺激の翻訳として生み出される。たとえば、色という物理量は存在せず、あるのは波長だけである。波長と色との関係は、網膜の視神経に存在する光受容体の周波数特性によって生まれるが、波長の混合や明暗がどのような感覚を呼び起こすかは、脳神経系の中での信号の伝達、統合から生み出されるものであり、測定可能な対象ではない。

（10）James Owen Weatherall, *The Physics of Wall Street: A Brief History of Predicting the Unpredicting,* Houghton Mifflin Harcourt, 2013.（邦訳は早川書房、二〇一三年）

（＊）本稿の作成に当たり貴重なアドバイスをいただいたヤフー株式会社　田島玲、小間基裕、清水徹の三氏に深く感謝します。

第3章

# ビジネスの仮説を高速で検証する

ステファン・トムク
ジム・マンジィ

"The Discipline of Business Experimentation"
*Harvard Business Review*, December 2014.
邦訳『DIAMONDハーバード・ビジネス・レビュー』2015年6月号

**ステファン・トムク**
**(Stefan Thomke)**
ハーバード・ビジネス・スクールのウィリアム・バークレー・ハーディング記念講座教授。経営管理論を担当。

**ジム・マンジィ**
**(Jim Manzi)**
ビジネス実験を設計・分析するためのソフトウェアを提供するアプライド・プレディクティブ・テクノロジーズの創業者・会長。

## ビジネス実験はなぜ広まらないのか

ロン・ジョンソンがアップルを辞め、大手デパートチェーン、JCペニーのCEOになったばかりの二〇一一年、彼のチームは大胆な計画を実行した。クーポンや在庫一掃セールをやめ、有名ブランドの専門店を積極的に誘致し、テクノロジーの利用によってレジやレジ係をなくしたのである。ところが売上げは急落し、損失が膨らんだ結果、CEO就任からわずか一七カ月でジョンソンは解任され、JCペニーは一八〇度の方向転換をした。

なぜJCペニーは道を誤ったのだろうか。顧客の好みを明らかにする大量の取引データはなかったのだろうか。

おそらくはあった。問題は、ビッグデータは顧客の過去の行動に関する手がかりは提供してくれるが、大胆な変更に対してどのような反応があるかは予測できないということである。つまり、いざイノベーションを起こそうとしても、ほとんどの経営者は意思決定の参考になる十分なデータがないまま行動しなければならない。だから経験や直感に頼りがちになる。しかし、業界を一変させるような真に革新的なアイデアは、経営幹部の経験や一般常識に馴染まないことが多い。

とはいえ新しい製品や新事業は、厳格なテストにかけることでその成否を探ることができる。考えてみてほしい――製薬会社は確立された科学的手順に基づいて一連の実験をしてからでないと、けっして医薬品を発売しない（実際、ＦＤＡ〈米食品医薬品局〉は幅広い臨床試験を義務づけている）。

しかし多くの企業は実質的に、そのような実験を経ずに新しいビジネスモデルやコンセプトを本格展開する。ＪＣペニーもＣＥＯが出した変更案を十分にテストしていれば、顧客に受け入れられそうにないと気づいたかもしれない。

リスクを伴う改革や費用のかかる提案を、厳格にテストする企業がなぜもっと現れないのか。それはほとんどの企業が適切な実験に資金を出したがらず、実験するのも相当難しいからである。実験のプロセスは簡単そうに思えても、さまざまな組織的・技術的な課題のせいで、実行するのは驚くほど難しい。それが、バンクオブアメリカ、ＢＭＷ、ヒルトン、クラフト、ペトコ、ステープルズ、サブウェイ、ウォルマートストアーズなど数多くの企業で、延べ四〇年以上にわたってビジネス実験を実施・分析してきた我々の経験に基づく総合的な結論である。

インターネットなどの直販チャネルでの標準的なＡＢテスト（たとえば、ウェブページのバージョンＡとバージョンＢへの反応率を比較）は、一世紀以上前に編み出された数学的手法を使った比較的単純な方法だ。しかし消費者向けビジネスの大半（九〇％以上）は、店舗ネットワーク、販売地域、銀行の支店、ファストフードのフランチャイズなど、もっと複雑な流通システムを通して行われている。そうした環境におけるビジネス実験では、分析上のさまざまな複雑さが問題となる。なかでも重要なのは、サンプルサイズが小さすぎて有効な結果を導き出せないことである。

オンラインで運営する小売大手は五万人の消費者をランダムに選び、実験的な商品・サービスに対する反応を確かめることができるが、実店舗で販売する小売業者は、たとえ大手でも無作為に五万店を選んで新しいプロモーションをテストすることなどできない。実験対象の現実的な数は数千どころか、せいぜい数十だろう。実際に我々の経験によれば、新しい消費者プログラムのテストはほとんどが正規の方法から大きくかけ離れている。確立された科学的・統計的手法に基づいていないため、経営幹部は統計ノイズを因果関係と勘違いし、誤った判断を下してしまう。

理想的な実験では、独立変数（推定される原因）と従属変数（観測される効果）を分離し、他の要因をすべて一定に保ったうえで、前者を操作して後者の変化を調べる。この操作とその後の注意深い観察・分析によって、因果関係に関する知識が得られ、うまくいけばこれを別の場面でも応用し試行できる。

そのような知識を得るため、そしてビジネス実験を費用や手間をかける価値があるものにするために、企業が自問すべき重要な問いがいくつかある。実験の目的は明確か。関係者は実験結果を受け入れることを約束したか。実験は実行可能か。結果の信頼性をどう担保するか。実験から最大の価値を引き出せたか（図3「ビジネス実験のチェックリスト」を参照）。一見当たり前のようなことだが、多くの企業がこれらを十分に検討しないまま実験を始めてしまうのだ。

## 実験の目的は明確か

提案された業務施策に関して疑問点がある時、これに答える現実的な方法がほかになければ、企業は実験を行うべきである。

小売大手のコールズの場合を考えてみよう。同社は二〇一三年、オペレーションコストの削減方法を模索していた。月曜日から土曜日の開店時間を一時間遅らせるという一案が挙がり、経営陣の意見は分かれた。営業時間を短縮すれば売上げが大幅に落ちると主張する者もいれば、売上げへの影響は最小限に留まると言う者もいた。何らかの確信を持って論争を決着させるに

| | |
|---|---|
| 信頼性<br>Reliability | □ 系統的なバイアス（意識的か無意識的かを問わず）に対処するために、どんな方法を用いるのか。<br>□ 対照群の特徴は実験群の特徴と一致しているか。<br>□「ブラインド」テストまたは「ダブルブラインド」テストのいずれかで、実験が可能か。<br>□ 統計的分析などの技法で、残っているバイアスを除去したか。<br>□ 他者が同じ実験を行っても同様の結果が得られるか。 |

| | |
|---|---|
| 価値<br>Value | □ 効果が最も高そうな領域に投資を集中させるため、実験のターゲットを絞り込んでいるか。つまり、さまざまな顧客、市場、セグメントに対する施策の影響を考慮したか。<br>□ 施策を構成する要素のうち、投資リターンが最大となるものだけを実行しているか。<br>□ どの変数がどの効果をもたらすかをよく理解しているか。 |

図3｜ビジネス実験のチェックリスト

**目的 Purpose**

- □ 実験は検討中の具体的な業務施策に焦点を当てているか。
- □ 関係者は実験から何を学びたいと考えているのか。

**関係者間の合意 Buy-In**

- □ 実験結果をもとに、具体的に何を変更するのか。
- □ 実験結果が無視されないようにするために、どんな方法を取るのか。
- □ 実験は組織全体の学習課題や戦略的優先事項にどう適合するのか。

**実行可能性 Feasibility**

- □ 実験には検証可能な予測があるか。
- □ 必要なサンプルサイズはどの程度か（注：サンプルサイズは期待される効果――たとえば売上げの5%増加――に左右される）。
- □ 特定した場所で、必要な期間、その実験をするのは現実的か。

は、厳格な実験を行うしか方法がなかった。一〇〇店舗でテストしたところ、開店時間を遅らせても売上げがさほど減少しないことがわかった。

実験が必要かどうかを決めるに当たっては、まず何を知りたいかをはっきりさせなければならない。そうして初めて、テストが最善の方法かどうか、そうであった場合に実験範囲をどうするかを判断できる。コールズの場合、テストすべき仮説は明快だった。「オペレーションコスト削減のために開店時間を一時間遅らせても、売上げが大幅には下がらない」である。

しかし、企業は仮説を磨いていく手順を身につけていないことが多いため、実験は非効率になって不要なコストがかかり、悪くすれば検証すべき疑問に答えを出せない。仮説が曖昧であると（「我が社のブランドは高所得層へ拡張できる」など）、具体的な独立変数が示されず、具体的な従属変数を検証できない。したがって仮説を肯定も否定もしづらくなる。よい仮説とは変数を明確にするものだ。

多くの状況下で、経営幹部は取り組みの直接的な効果に留まらず、その付随的効果も調べる必要がある。たとえばファミリーダラー（米国のディスカウントチェーン）は、卵やミルクなどの生ものを売るために冷却装置に投資すべきかを判断しようとした際、副次的効果のほうが利益に大きな影響を及ぼすことを発見した。つまり、冷蔵品を買いに来る新しい顧客において、従来の取扱商品の売上げが増加するのである。

マイナスの付随的効果もありうる。数年前、米国中部大西洋沿岸地域のコンビニエンスストアチェーン、ワワは実地テストで好評だったフラットブレッドの朝食用商品を販売しようと考えた。しかし、実験群と対照群を用い、さらに回帰分析を加えた厳格な実験の結果、この新商品は収益性の高い他の商品の売上げを食う可能性が高いことがわかり、発売を取りやめた。

## 関係者は実験結果を受け入れることを約束したか

テストを実施する前に、判明した結果にどう対応するかについて関係者間で合意しておく必要がある。特定の見解を裏づけるデータを選り好みするのではなく、すべてのデータを比較検討することを約束しなければならない。おそらく最も重要なのは、データの裏付けが得られなかった場合のプロジェクトの断念を覚悟しておくことだ。

コールズは新しい商品カテゴリーとして家具を扱えないかと検討したことがある。多くの幹部は売上げの大幅アップを期待して大いに活気づいていた。ところが七〇店舗で半年間テストしたところ、売上げが実質的に減少することがわかった。(家具のスペースをつくるために)既存商品の販売スペースを減らしたせいで売上げが落ち、顧客数も全体として減少したのだ。

プロジェクトの支持者たちはとてもがっかりしたが、それでも家具の販売は断念された。この事例が浮き彫りにするのは、組織で強い影響力を持つ人たちが後押しするプロジェクトを客観的に評価するためにも、実験がしばしば必要になるという事実である。

もちろん、期待されるメリットがデータで実証されなくても、それ相応の理由からプロジェクトを進めるべきというケースもあるだろう（たとえば、売上げが大きく増えないと実験でわかっても、顧客ロイヤルティを構築するためには必要だと判断されるかもしれない）。しかし、プロジェクト案がすでに決定事項であるとしても、わざわざ時間と費用をかけてテストを実施すべきなのはなぜだろうか。

たとえ経営陣の仮説や直感と食い違うテスト結果が出たとしても、それが無視されないような仕組みをつくる必要がある。米東南部でチェーン展開するパブリックススーパーマーケッツでは、大規模な販売プロジェクトはほぼすべて（多額の設備投資を要する案件は特に）、正式な実験を経てからでないとゴーサインをもらえない。最初に財務部門が案件を分析し、実験の価値があるものを選別する。

ここをくぐり抜けたプロジェクトに関して、分析専門家がテストを設計し、財務担当バイスプレジデントをメンバーに含む委員会に提出する。委員会で承認された実験を、社内のテスト担当グループが実施・監督する。財務部門が多額の出費を認めるのは、このプロセスに従ってよい実験結果を出した案件だけである。「我々がテストで裏付けを取ったプロジェクトは迅速に、あまり細かい詮索を受けることなく審査・承認されます」と、パブリックスの事業分析担当シニアマネジャー、フランク・マッジオは言う。

そうした選別プロセスの構築・実行に際し、肝に銘じておくべきことがある。実験は、会社の優先事項に寄与する学習の一環でなければならない。

ペット用品店チェーンのペトコではテストの実施を希望する場合、革新性を高めるという全社戦略にその実験がどう寄与するかを明らかにするよう求められる。

これまでは年に一〇〇前後のテストを行っていたが、いまは七五程度に絞っている。過去に同じようなテストをしたという理由で却下されるものが多い。テストの費用に見合うほどインパクトのある変更ではないとして退けられる案もある（たとえば、ある商品を二・七九ドルから二・八九ドルに値上げするなど）。「事業を成長させる取り組みをテストしたいのです」と、同社の小売分析ディレクターだったジョン・ロウズは言う。「新しいコンセプトや新しいアイデアを試したいですね」

## 実験は実行可能か

実験は検証可能な予測を伴わなければならない。しかし、事業環境の「因果密度」——すなわち変数とそれらの相互作用の複雑さ——によって、因果関係の判断が極めて困難になることがある。

ビジネス実験では、独立変数を分離・操作し、従属変数の変化を観察することができても、そこから容易に学べるとは限らない。環境はたえず変化し、ある業務結果をもたらしうる潜在的原因はしばしば不確かだったり不明だったりする。よってさまざまな要因がどう関わり合っているかは複雑で十分理解できないことが多い。

一万店を擁するコンビニエンスストアチェーンがあり、八〇〇〇店がクイックマート、二〇〇〇店がファストマートという名称だったとする。クイックマート一店当たりの年間売上げは平均一〇〇万ドル、ファストマートは一一〇万ドルだ。ある経営幹部が一見単純な質問をする。クイックマートの名前をファストマートに変えたら、売上げが八億ドル増加するだろうか——。むろん店舗の売上げには、さまざまな要因が影響する。その店の物理的規模、店から一定範囲内に住む人の数と平均収入、一週間の営業時間、店長の経験、近隣の競争相手の数などだ。しかしこの幹部が関心を持っているのはただ一つの変数、店舗の名称（クイックマートかファストマートか）である。

わかりやすい解決法は、一部のクイックマート店舗（たとえば一〇店）の名称を変えて実験してみることである。とはいえ名称変更の影響を知るのも簡単ではない。なぜなら、ほかにも多くの変数が同じ時期に変化した可能性があるからだ。たとえば、四つの店の地域で天候が非常に悪かった、ある店で店長が交代した、別のある店の近くに大きなマンションが建った、また別の店では近隣のライバル店が積極的な広告プロモーションを開始した……。そうした変数から名称変更の影響を分離できなければ、それが事業にプラスだったのかマイナスだったのかは、はっきりわからない。

因果密度が高い環境下では、検証したい変数以外のすべての変数の影響を平均程度に収められるほどの、大規模なサンプルを使えるかどうかを検討しなければならない。残念ながら、その種の実験は常に実行可能とは限らない。十分なサンプルサイズを備えたテストは法外な費用がかかるおそれがある。あるいは、オペレーションの変更が大きな混乱を招きかねない。そうした場合、のちほど詳しく述べるように、ビッグデータなども絡めた高度な分析手法を用いて、結果の統計的妥当性を高められるケースもある。

とはいえ、サンプルサイズが大きければ自動的によいデータが得られるというのは誤った思い込みである。たしかに観察対象は多くなるが、それらが強くクラスター化されていたり、互いに相関性があったりすれば、サンプルサイズの実態は非常に小さくなる。たとえば、顧客へ直販するのではなく販売業者を使っている企業の場合、販売拠点の存在が顧客データ間の相関性をもたらしやすい。

必要なサンプルサイズは主に、期待される効果の大きさで決まる。原因（たとえば店名の変更）が大きな効果（売上げの大幅増）を及ぼすことが期待される場合は、サンプルサイズは小さくてもかまわない。期待される効果が小さい場合は、サンプルサイズは大きくなければならない。

常識とは逆にも思えるが、次のように考えるとよい。期待される効果が小さければ小さいほど、それを周辺のノイズの中から統計的に信頼できるレベルで発見するには、多くの観察対象が必要になるのだ。

正しいサンプルサイズを選択すると、統計的に有効な結果が得られるだけでなく、テスト費用を減らし、イノベーションを促すことができる。最適なサンプルサイズを選ぶために、市販のソフトウェアプログラムを活用してもよいだろう。（注）

## 結果の信頼性をどう担保するか

前項では実験をするための基礎について述べた。しかし実際には、信頼性を取るか、費用や時間など実行面の諸事情を優先するかというトレードオフを余儀なくされることが多い。このようなトレードオフの必要性を減らし、結果の信頼性を高めるためには三つの方法がある。

### 1 無作為化フィールド実験

医学研究における無作為化の概念はシンプルだ。同じ特徴や症状を持つ人を大勢集め、無作為に二つのグループに分ける。一方のグループだけに治療を施し、全員の健康状態を注意深くモニターする。治療を受けたグループ（実験群）のほうが受けなかったグループ（対照群）よりも統計的に健康回復の度合いが高ければ、その治療法は有効と見なされる。同様に、無作為化フィールド実験は、特定の変更がパフォーマンスの改善につながるかどうかを判断する一助になる。

金融サービス企業のキャピタル・ワンは長年、一見些細な変更でも厳格な実験を通じてテストしてきた。無作為化フィールド実験では、たとえば商品提案用の封筒の色をテストできる。試したい色の封筒と白い封筒の二種類で送付し、反応の違いを見るのである。

無作為化の役割は重要だ。系統的なバイアス（意識的か無意識的かを問わず）が実験に影響を与えるのを防ぐ。そしてテスト要因以外の潜在的原因（未知のものかもしれない）を、実験群と対照群とに等しく分散させる。ただし、無作為化フィールド実験には難しさもある。有効な結果を得るには、統計的に厳格な方法で実験しなければならないのだ。

必要なのは、同じ特徴を持つ被験者の母集団を特定してから、これを無作為に二つのグループに分けることだ。しかしそうせずに、実験群（たとえばチェーンのいくつかの店舗）を最初に選んでから、その他すべて（残りの店舗）を対照群と見なすという誤りが往々にして見られる。あるいは、実験群と対照群を選ぶ時、実験にバイアスが入り込むような方法を意図せず取ってしまうケースもある。

ペトコはかつて新しい取り組みをテストする際、上位三〇の店舗を実験群に選び、これを下位三〇の店舗（対照群）と比べていた。こうした方法で検証された取り組みは有望に見えても、いざ本格展開すると失敗に終わることが多い。

ペトコは現在、店舗の規模、顧客の属性、近隣のライバル店の存在など、幅広い変数を考慮のうえ、対照群と実験群の特徴を一致させている（パブリックスも同様）。このような実験の結果は信頼性がはるかに高い。

## 2 ブラインドテスト

バイアスを最小化し、信頼性をさらに高めるため、ペトコとパブリックスはブラインドテストを実施している。被験者は自分が実験に参加していることを知っていると、意識的または無意識的に行動を変える傾向があり、これはホーソン効果と呼ばれている。ブラインドテストはこのホーソン効果を防ぐのに役立つ。

ペトコの場合、実験店のスタッフはいつテストが行われているのかを知らない。パブリックスはいつでも可能な時にブラインドテストを実施する。価格変更を伴う簡単なテストであれば、各店はたえず新しい価格を導入しているので、通常の業務と区別がつかない。

しかし、ブラインドテストは常に実施可能とは限らない。パブリックスでは、新しい設備や業務手法をテストする場合、通常は実験群に選ばれた店にその旨を知らせている。（より高度な実験法に「ダブルブラインド」〈二重盲検〉テストがある。ここでは実験者も被験者も、誰が実験群で誰が対照群かを知らされない。ダブルブラインドテストは医学研究では幅広く用いられているが、ビジネス実験では一般的ではない）。

## 3 ビッグデータ

オンラインをはじめとする直販チャネルでは、厳格な無作為化実験をするのに必要な数学はよく知られている。だが先に述べたように、消費者取引の大半は小売店など他のチャネルで行われる。そうした環境下のテストではサンプル数が一〇〇に届かないことも多く、標準的な統計手法の基本前提が満たされない。こうした制約の影響を最小限に抑えるためには、特殊なアルゴリズムを各種のビッグデータと組み合わせて活用すればよい（コラム「ビッグデータの威力」を参照）。

ある小売大手が店舗の再設計を考えているとしよう。一三〇〇店全部でこれを実施するには費用が五億ドルかかる。この案をテストするため、同社は二〇店を改装して結果を追跡した。財務チームがデータを分析して出した結論は、改装しても売上げは〇・五％しか増えず、投資対効果はマイナスだというものであった。一方、マーケティングチームも別途分析を行い、五％増という健全な数字を予測した。

後でわかったことだが、財務チームは実験対象の店を、規模、周辺地域の所得水準といった変数は似ているが必ずしも同じ地理的市場にはない他店と比較していた。また、改装の六カ月前と六カ月後のデータを利用していた。対照的に、マーケティングチームは同じ地域内の店と比較し、改装の一二カ月前と一二カ月後のデータを考慮していた。

どちらの結論が信頼できるかを判定するため、同社は各種のビッグデータ――取引関連データ（品揃え、売上時刻、価格）、店舗の属性、周辺環境データ（ライバル店、顧客層、天候）など――を適用。こうして、テスト改装した店に極力似た店を対照群に選び、サンプルサイズが小さくても統計的に有効となるようにした。そのうえで客観的な統計手法を使って双方の分析内容を再検証したところ、マーケティングチームの分析のほうが正確であった。

企業は厳格なテストの手順を踏めない場合でも、アナリストを活用して、特定のバイアスや無作為化の失敗といった実験上の不備を特定し修正できる。よくある状況としては、テスト担当部門が無作為化されていない自然実験を扱う場合が挙げられる。たとえば、オペレーション担当バイスプレジデントが、新しい社員研修プログラム（同社の市場のおよそ一割ですでに導入されている）は古いものより効果的かどうかを知りたいと考えるようなケースである。

そのような状況では、小規模なサンプルや相関性のあるサンプルに対応する時と同じアルゴリズムとビッグデータを使って、価値ある知見を引き出し、結果の不確実性を最小限に抑えることができる。その分析を利用すれば、結果を確認し精緻化するために必要な、厳格に無作為化されたフィールド実験を設計できる。特に、結果が常識に反する時や、経済的影響の大きな意思決定の裏付けにその結果が必要な時は、これが有効だ。

どんな実験でも一番重要な基準は「再現性」である。つまり、別の人が同じテストを実施しても同様の結果が出なければならない。費用のかかる実験を繰り返すのはたいてい非現実的であるが、ほかにも結果を検証する方法はある。ペトコは大きなプロジェクトは段階的に導入し、結果を確認してから全社展開することがある。パブリックスには、本格展開後の結果を追跡し、予測されたメリットと比較するための手順がある。

## 実験から最大の価値を引き出せたか

多くの企業は費用をかけて実験を行っているのに、そこから最大の価値を引き出せていない。こうした事態を避けるには、その取り組み案がさまざまな顧客、市場、セグメントに及ぼす影響を考慮し、効果が最も高そうな領域に投資を集中させなければならない。問うべきは「何が有効か」ではなく、「何がどこで有効か」である。

ペトコは多くの場合、結果が最もよかった実験店によく似た店舗でしかプログラムを本格導入しない。そうすることで実行コストを節減できるだけでなく、新しいプログラムが効果を生まない、悪くすればマイナスの結果をもたらすかもしれない店舗を関与させなくて済む。そのように的を絞っているおかげで、新しいプロジェクトの効果は当初の予測よりも常に倍となっている。

もう一つの有効な戦術は「バリューエンジニアリング」である。ほとんどのプログラムには、コスト以上のベネフィットを生み出す部分もあれば、そうでない部分もある。したがって大切なのは、ＲＯＩ（投資利益率）が魅力的な部分だけを実行することだ。

単純な例として、ある小売業者が二〇％割引のプロモーションをテストしたところ、売上げが五％増えたとする。増加分のうち割引プロモーションそのものから生じたのはどの程度か、また付随する広告や店舗スタッフ研修（どちらもその販売製品に顧客を導く役割を担う）に起因するものはどれくらいか。

そのような場合は、構成要素のさまざまな組み合わせを検証する実験を行えばよい（たとえば、広告は打つが追加のスタッフ研修はしないプロモーション）。その結果を分析すれば各要素の効果が個別にわかり、ＲＯＩが低かったりマイナスだったりする要素（たとえば追加のスタッフ研修）を省くことができる。

さらに、実験から得られるデータを注意深く分析すれば、自社のオペレーションをもっとよく理解し、どの変数がどの効果をもたらすのかに関する仮説を検証できる。ビッグデータの場合、重点は「相関性」にある。これはたとえば、ある製品の売上げが他の製品の売上げと一致する傾向があるといった事実を発見することだ。

しかし、ビジネス実験では相関性に留まらず、因果関係を調べることもできる。たとえば、購入の増加（減少）をもたらす要因が何かを明らかにするのである。こうした根本的な因果関係を知っておくことは、経営陣にとって極めて重要といえる。それがなければ、自社のビジネスを断片的にしか理解できず、下した決定が裏目に出やすい。

米南部風のレストランチェーン、クラッカー・バレル・オールドカントリーストアは、レストランの照明を白熱灯からＬＥＤに変えるべきかどうかを判断するために実験を行ったが、ふたを開ければＬＥＤを設置した店舗では客足が減ってしまい、経営陣は驚かされた。照明変更の取り組みはここで終わっていた可能性もあるが、同社はもっと根本的な原因を知ろうとした。そこで判明したのは、照明を変えたせいでレストランの玄関ポーチが前よりも暗く見え、多くの客が閉店中だと勘違いしたということである。不可解であった。ＬＥＤは玄関ポーチをもっと明るくするはずだったのに――。

さらに調査すると、店長たちがこれまで同社の照明基準に従っていなかったことがわかった。自分自身の判断で手を加えており、多くの場合は玄関ポーチに照明を追加していたのである。

したがって、新しいＬＥＤ基準を守ろうとすると以前より光度が落ちてしまう。ここでの教訓は、同社が相関性だけを見ていたら、ＬＥＤは事業にマイナスだという誤った印象を持っていたということだ。本当の因果関係を明らかにするには実験を行う必要があった。

実際、因果関係を十分に理解しなければ、企業は大きな誤りを犯しやすくなる。コールズが開店時間を遅らせる影響を調べるために行った実験を思い出してほしい。実はテストを始めた当初は売上げが減少した。その時点で取り組みは打ち切られていた可能性もある。しかし分析の結果、顧客取引の件数は変わっていないことが判明。問題は取引当たりの販売点数の減少であった。最終的に取引当たりの販売点数は回復し、総売上高も前のレベルに戻った。当初の売上減少の理由をコールズはうまく説明できなかったが、経営陣は営業時間短縮のせいにしたくなるのを踏み留まった。相関性と因果関係は同じだという早合点を避けたのである。

ここで重要なのは、実験は始まりにすぎないと多くの企業が気づきつつあることだ。実験で得たデータを分析し、その結果を十分に活かしてこそ価値が生まれるのだ。パブリックスはいままでテスト時間の八割をデータ収集、二割をデータ分析に費やしていた。現在の目標はその比率を逆転させることである。

## 従来の発想に囚われない

サンプルサイズ、対照群、無作為化などの要因に注意を払うことで、企業はテスト結果の妥当性を確保できる。結果の妥当性や再現性が高ければ高いほど、社内の抵抗にも耐えられるようになる。抵抗が特に強まるのは、その結果が長年の業界慣行や社会通念に反する場合だ。

ペトコの経営陣が、重量で販売するある製品の新しい価格設定について検証したところ、結果は明白だった。四分の一ポンドで販売する時が断然よい価格をつけることができ、その価格は末尾が「・二五」で終わるものだった。それまでは四・九九ドルや二・四九ドルのように九で終わるのが当然とされていたが、これと真っ向から対立する結果である。「『みっともない』価格はつけられない、という小売業界の常識を破るものでした」とロウズは言う。最初、ペトコ経営陣はこの結果に懐疑的だったが、実験は厳格に実施されていたので、最終的にその新しい価格設定を試すことにした。的を絞って本格展開すると、実験結果を裏づけるように、半年後には売上げが二四％以上も増えたのである。

我々が学ぶべきは、ビジネス実験がオペレーションの改善に結び付くということだけではない。企業はビジネス実験を後ろ盾に、誤った常識やベテラン幹部にさえ見られる間違った直感を、自信を持って覆すことができる。そして、いままで以上に賢明な意思決定を下せば、結果的に業績も向上する。

JCペニーは個々の改革案を厳格にテストしていれば、最悪の事態を回避できただろうか。いまとなっては知る由もない。しかし、確かなことが一つある。同社はあれほど大胆なプログラムを試みる前に、意思決定が直感ではなく知識に基づくよう万全を期す必要があったのだ。

## ビッグデータの威力

統計ノイズを除去し、因果関係を特定するには、数千に上るサンプルを使った実験が理想的である。しかし、これは法外な費用がかかったり、実現不能であったりする。新しい品揃えをわずか二五店舗でテストしなければならない、営業研修プログラムを三二人の営業担当者で、あるいは改装案を一〇のホテルで実験しなければならない――そのような時は、ビッグデータをはじめ、「機械学習」などの高度なコンピュータ技術が役に立つ。以下がその手順である。

## はじめに

小売業者が新しい店舗レイアウトをテストしたい時は、分析単位（各店舗とその商圏、各販売員とその担当顧客など）ごとの詳細データ（近隣のライバル店、スタッフの在職期間、顧客の属性など）を収集しなければならない。これはビッグデータセットの一部になる。どの店舗、顧客またはスタッフをどの程度（店舗数や人数）テストに参加させるか、テスト期間をどれくらいにするかは、データの変動性や、効果の予測に必要な精度によって決まる。

## 対照群を設定する

サンプル数が少ない実験では、被験者（個々の店舗や顧客など）と対照者の正しいマッチングが不可欠だ。これは被験者を特徴づける数十ないし数百の変数を、実験者がしっかり特定できるかどうかにかかっている。ビッグデータフィード（顧客の完全な取引ログ、詳細な天候データ、ソーシャルメディア上のストリームなど）がその助けになる。特徴が確定したら、実験群のすべての要素（実験対象のものを除く）を含む対照群を設定する。これによって小売業者は、実験結果がその一つの要素（新しいレイアウト）によるものなのか、それ以外の要素（顧客層、経済状況、天候の違い）によるものなのかを判断できる。

## 最善の機会に的を絞る

同じデータフィードを使って、実験対象の施策がどの状況で効果を発揮するかを明らかにできる。たとえば、新しい店舗レイアウトは、競争の激しい都市部では効果が大きいが、その他の市場ではある程度の成功しか収めないかもしれない。こうしたパターンを特定すれば、適切な状況下で施策を実行し、ＲＯＩ（投資利益率）が高くない状況下での投資を回避できる。

## 施策をカスタマイズする

大規模なデータフィードをさらに使って、施策のうち効果の高い（低い）部分を明らかにできる。たとえば、新しい店舗レイアウトの効果を実験する小売業者は、店内のビデオストリームからのデータを利用して、新しいレイアウトにより顧客の移動領域が増えたのか、利益率の高い商品近くでの客足が増えたのかなどを判断できる。あるいは、店の前方に商品を移動して新しい棚に設置するとプラスの効果があるが、レジを移動させると精算が混乱し、利益が減るということがわかるかもしれない。

【注】
筆者の一人であるジム・マンジィの会社、アプライド・プレディクティブ・テクノロジーズも「Test & Learn™」というアプリケーションを販売している。

第4章

# ディープラーニングで日本のモノづくりは復権する

松尾 豊

『DIAMONDハーバード・ビジネス・レビュー』2015年11月号

**松尾 豊**
**(Yutaka Matsuo)**

東京大学大学院工学系研究科准教授。1997 年、東京大学工学部電子情報工学科卒業。2002 年、同大学院博士課程修了。博士（工学）。同年より産業技術総合研究所研究員。2005 年よりスタンフォード大学客員研究員。2007 年より現職。シンガポール国立大学客員准教授。専門分野は、人工知能、ウェブマイニング、ディープラーニング。人工知能学会からは、論文賞（2002 年）、創立 20 周年記念事業賞（2006 年）、現場イノベーション賞（2011 年）、功労賞（2013 年）の各賞を受賞。単著に『人工知能は人間を超えるか』、共著に『東大准教授に教わる「人工知能って、そんなことまでできるんですか？」』（以上、KADOKAWA）がある。

# 人工知能は三度目のブームを迎えた

いま、人工知能（ＡＩ）は三度目のブームを迎えている。

ＡＩの開発は、「人間の知能はコンピュータで再現できる」という仮説から始まった。人間の脳は一種の電気回路の集合体であり、電気信号が行き来することで情報処理を行うため、それは理論的にコンピュータでも再現できるはずだという考え方である。

第一次ＡＩブームは一九五六～一九六〇年代にやってきた。この時代は、たとえば迷路のスタートからゴールを目指すように、ゴールに至るまでの過程を場合分けし、目的の条件を探索する「探索・推論の時代」である。しかし、明確に定義されたルールの中で答えが導かれる「トイ・プロブレム」（おもちゃの問題）は解けても、複雑化された現実の問題には対応できないことがわかると、ＡＩへの失望感が広がり、ブームは去っていくことになる。

第二次ＡＩブームの到来は、一九八〇年代だ。この時代を支えたのは「知識」である。たとえば、病気に関する知識、法律に関する知識などを事前にコンピュータに与えておくことによって、現実社会の問題も解けるようになった。言い換えれば、「知識の時代」である。

だが、コンピュータに知識を与えるためには、その分野の専門家から知識を取り出す必要があり、それには莫大な時間とコストを要する。また、数千、数万という知識を適切に維持管理する仕組みも求められた。さらに、人間の知識をコンピュータに正しく記述すること自体が困難でもあった。コンピュータは入力した知識以上のことはできず、例外に対応させようと思えばいつまで経っても知識を書き終えることができない。こうした課題に直面した結果、二度目のブームは去っていったのである。

そうした中、二〇一三年以降、三度目のＡＩブームが到来した。それが「機械学習・表現学習の時代」である。

## 機械がみずから「特徴量」をつくり出す時代の到来

第二次ブーム以降も、パターン認識分野における基盤技術は進歩を遂げ、同時に、さまざまなデータが蓄積され続けた。なかでも、一九九〇年にウェブに初めてページができたことで大量のテキストを蓄積することが可能となり、特に統計的自然言語処理の領域が飛躍的に進展した。かつ、コンピュータの計算能力が向上したことで、機械学習への期待は高まった。

そもそも、学習とは何か。その根幹は「分ける」という作業である。分ける作業とはすなわち、「イエス」か「ノー」で答えられる問題に変換するということだ。食べられるのか、食べられないのか。猫か猫でないか。見込み客かそうでないか。それらの認識や判断はすべて「イエス・ノー問題」に帰着する。機械学習とは、大量のデータを処理しながら「分け方」を自動的に習得することである。

では、何をもとに分け方を決めればよいのか。現代のコンピュータは、人間では困難な複雑な計算をいとも簡単にこなすものの、計算させるためには事前に式を与えてやる必要がある。式を与えるとは、そこで用いる「変数」を決めて、変数を中心とした関係をモデル化することだ。

これまでは、人間の手で現実世界の森羅万象の中から変数を取り出し、それをコンピュータに与えていた。たとえば、ビールの売上げと気温の関係を重回帰分析するとしよう。この時は気温が変数だが、気温ではなく湿度や曜日を変数に置くことも考えられ、何を変数に定めるかは個人の判断で変わる。人間の勘と経験に依存していたともいえる。

機械学習では、こうした変数を「特徴量」と呼び、特徴量に何を選ぶかで予測、分類、回帰、分析の精度は大きく変化する。人間の場合、同じ作業を何度も繰り返す中で適切な特徴量を決めるコツをつかむ。同様の作業を視覚でもやっており、子どもの頃から、目の前に何があるかを理解するために、さまざまな特徴量を無意識のうちに導き出している。従来のコンピュータは、何が特徴量かを自発的に構成することができなかった。これが機械学習における最大の問題であったと言っても過言ではない。

そうした中、二〇一二年、カナダのトロント大学が開発した"Super Vision"が大きな衝撃を与えた。データをもとにコンピュータがみずから特徴量をつくり出す機械学習の方法であり、「表現学習」の一つとされる「深層学習」(ディープラーニング)によって、驚異的な画像認識の精度を実現したのだ。(注)

ＡＩの研究が始まってからの約五〇年間、コンピュータが自動的に特徴量を探し出せることなど想像もされていなかった。それをディープラーニングが可能にしたことで、「人間の知能はコンピュータで再現できる」という当初の仮説の証明に向けて大きな前進を迎えた。そしていま、我々は第三次ＡＩブームを迎えているのである。

## ディープラーニングにおけるAIの技術発展を読む

第三次ＡＩブームは、我々の生活にどのような変化をもたらすのだろうか。それを考えるために、ディープラーニングに関わるＡＩの技術発展と、それが社会にどのような影響を与えるのかについて考えてみたい（図４「ディープラーニングをベースとする技術発展と社会への影響」を参照）。

まず、技術的な側面から見てみよう。図表の①と②、③と④、⑤と⑥はセットで考えることができる。

①の「画像認識」と、②の「マルチモーダルな認識」は、「認識」という点で共通である。①は文字通り、画像を正確に認識して特徴量を抽出する技術だ。一方の②は、音声や映像など、複数の感覚情報が組み合わさったものから特徴量を抽出し、モデル化する技術である。現在、①はほぼ実用可能であり、②はまさに熾烈な研究が行われている。

③の「行動の熟練」と④の「行動の組み立て」は「行動」という点で共通している。③では、みずからの行動が周囲に与える影響を理解でき、その行動と観測データを組み合わせたうえで特徴量を抽出する。単純な反射神経を学ぶと言ってもよいかもしれない。これに対して④は、外界と試行錯誤することで、コンピュータが外の世界の特徴量を引き出す技術である。そのうえで、思考しながら計画を立てる。

たとえば、「コップの中身をこぼさないように持つ」ためには、まず③を通じて持ち方を学習することが必要だ。そのうえで、コップは正しく持たなければ水がこぼれると理解して、ある場所に水が必要な時にこぼさないように持ってくればよい、と計画を立てられるようになるのが④の段階である。つまり、犬や猫のような反射神経の学習が③、猿がバナナを取るためにイスを持ってくるような行動計画が④だといえる。

⑤の「言語とのひも付け」と⑥の「さらなる知識獲得」は、「言葉」の話として共通だ。⑤は高次な特徴量を言語とひも付ける技術であり、⑥は言語データの大量入力から、さらなる抽象化を行うための技術である。

両者の違いを簡単に区別すると、⑤はある場面を見てそれを適切に言語で描写できること、さらには、言語で表現されたものからイメージを生成できることである。⑥は本を読んで学べることである。本を読むと、自分が実際には見ていないこともイメージとして生成し、そこから学ぶことができる。たとえばエベレストに登ると何が起こるかを知ることができる。そこから現在の行動とエベレストに登ることとの類似性を導くという、より抽象化された行為も可能だ。

「言葉」に関わる技術を生み出すのは、かなりの難題でもある。人間は、他の動物では考えられないほどの抽象化を行っている。人間と猿は遺伝子的にほとんど同一だが、その大きな違いは、言葉を用いて、任意の現象に言葉をひも付ける能力にある。ある概念をわざわざ音の列とひも付けることも特異だが、五〇音など有限な音素を組み合わせて「音によるＩＤ」（言葉）

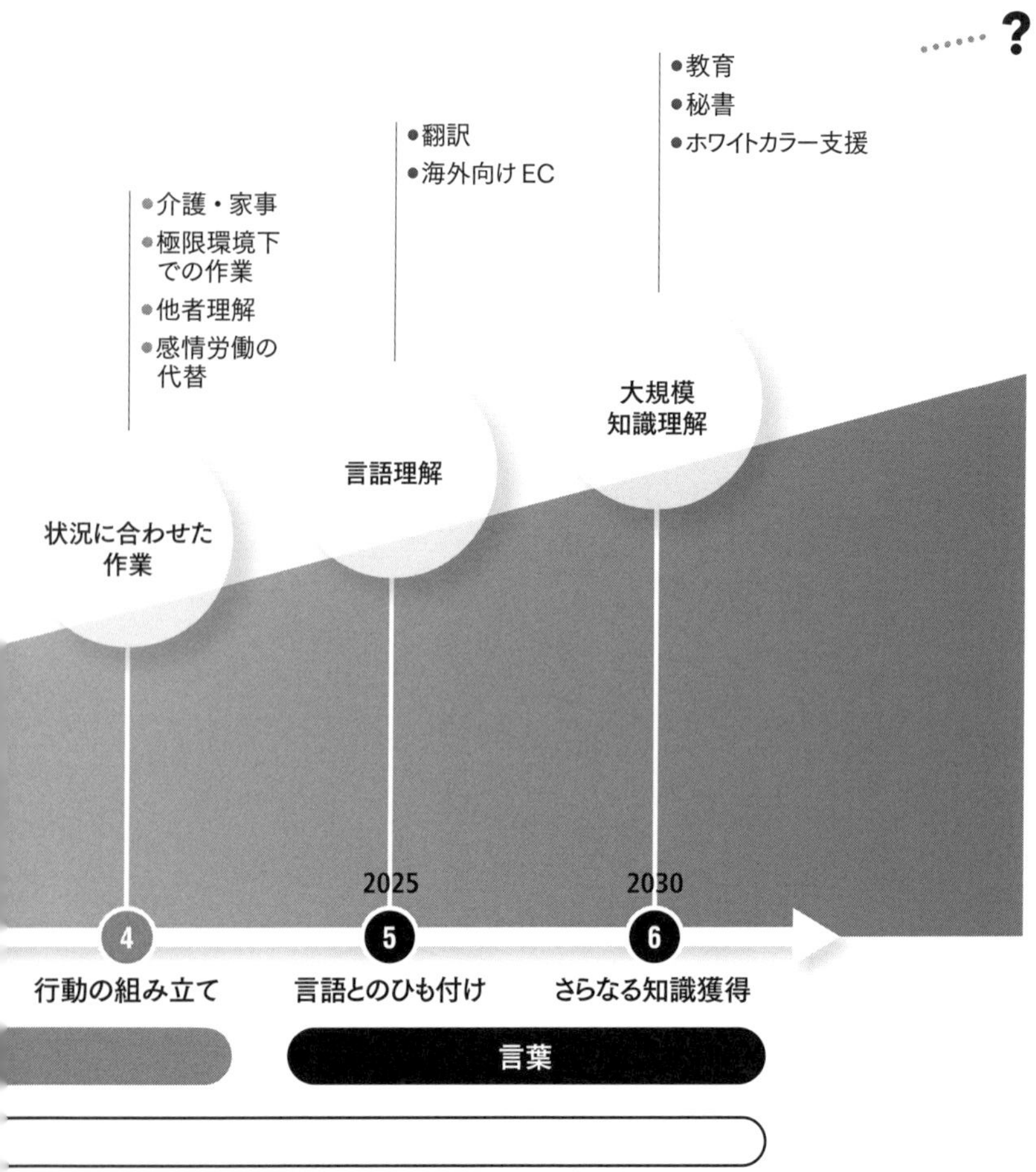

?
●教育
●秘書
●ホワイトカラー支援
●翻訳
●海外向けEC
●介護・家事
●極限環境下での作業
●他者理解
●感情労働の代替
大規模知識理解
言語理解
状況に合わせた作業
2025
2030
4
5
6
行動の組み立て
言語とのひも付け
さらなる知識獲得
言葉

図4｜ディープラーニングをベースとする技術発展と社会への影響

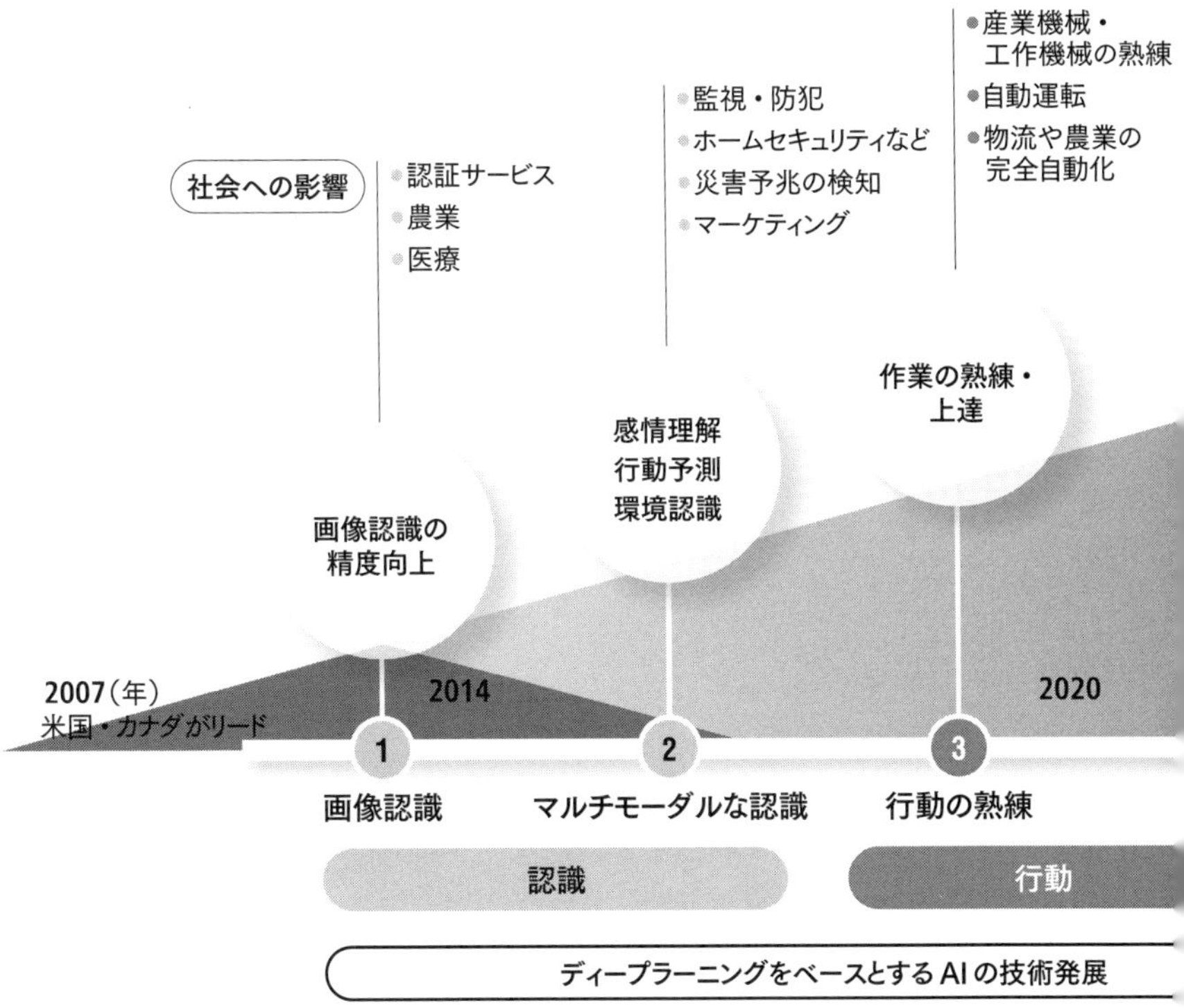

をつくるのも特徴だ。世の中に存在する無数の概念を、有限の音の組み合わせから成る無数のＩＤ（言葉）で指し示すことは驚くべき力である。

私は、二〇三〇年までに、あるいはそれよりももっと早く、⑥にも迫る技術発展が達成されると期待している。もちろん、これから新たな難問が出てくる可能性はある。しかし、五〇年以上迷宮入りしていた問題に大きなブレークスルーが起きたことを考えれば、ＡＩが今後、相当の勢いで発展すると考えるのは妥当な予想ではないだろうか。

## ディープラーニングは社会に何をもたらすのか

では、こうした技術の発展は、私たちの生活に何をもたらすのだろうか。認識と行動に関わる領域はすでに実用化されている、あるいは、近い将来に実用化される可能性がある。少なくとも、③の技術まではすでに開発されている。また、言葉に関する技術の開発は容易ではないものの、そう遠くない将来に実現する可能性は十分にある。

ここからは、①〜⑥の技術が実用化された場合、それが社会に与える影響を見ていこう。

## ❶画像認識

コンピュータの画像認識が人間のトップレベルと同じかそれ以上の精度を持つようになれば、コンピュータに置き換わる仕事は多い。

画像認識技術を活用できる代表的な分野が、認証サービスである。顔認識の精度はすでに人間を上回っており、写真における人物判定は九九・六％以上の精度を誇る。米国のマスターカードが顔認識技術を使った認証システムの導入を発表したように、この技術はすでに実用化されているものだ。

また、医療分野も有望だ。過去の患者の診察データを蓄積することによって、X線やCTによる画像判定は人間の医者の精度を超えることになるだろう。農業で収穫判定をするうえでも画像認識は力を発揮する。収穫に適した作物の画像を事前に認識させておけば、作業員にそこだけを回るよう指示を出すこともでき、作業効率は飛躍的に上がる。

## ❷マルチモーダルな認識

画像認識では、あくまでも静止情報を判別する。だが、音声や手触りなどマルチモーダルな認識ができるようになれば、正常な状態と異常な状態を分別し、異常をいち早く感知することができる。

交差点にカメラをつけて映像を撮れば、交通違反の取り締まりや、事故を起こしそうなフラフラ運転などを察知することもできるだろう。また、不審な挙動を示す男がいたら警告音を鳴らすなど、防犯の役目を果たすこともできるようになる。

病院ではナースコールが自動で発せられるようになるし、ホームセキュリティに活用すれば、一人暮らしのお年寄りの生活の異変をすぐに察知できる。また、火山の異常を感知するなど災害予知への貢献も考えられる。

この技術はマーケティングに活用することもできる。店舗内の消費者の行動分析を行う際、これまでは人間が観察しなければならなかった。しかし、高度な画像認識技術を持つカメラを設置すれば、消費者がどの商品を見ているのか、見たけれど手に取らなかったのか、見て手に取ったが買わなかったのかといった行動がすべてわかる。その結果、どんな商品がアイキャッチとして有効で、どの商品が売上げにつながっているかを判別できる。

ウェブ上ではすでにA／Bテストが実施されているが、それと同様の計測を店舗でも容易にできるようになる。商品の配置を実験的に変えて、どちらのほうが見てもらえる頻度が高かったのか、どの商品が最も売上げに貢献しているかを分析できるのである。カメラを設置すれば、店舗内のみならず、商店街やモール、一つの街全体でも可能だ。

## ❸行動の熟練

周囲を観察するだけではなく、行為の結果が周囲にどのような影響をもたらすのかを認識できるようになると、プランニング（行動計画）の精度が上がる。

現在の産業機械や工作機械はロボット的な直線的な動きしかできないが、その動作がスムーズになり、より人間の動きに近づくだろう。人間の場合、「離す」「くっつける」といった単純作業は、それを繰り返すことで誰でも熟練するが、同じことが機械でも起こる。

その結果、建設現場での簡単な組立作業は機械が代替するようになるだろう。食品加工工場などにおける生産効率が上がることはもちろん、製造可能な製品の種類も増える。また、グーグルが研究を進める自動運転やアマゾンドットコムが実現を目指す自動配送のように、物流が完全に自動化することが予想される。農業も完全に自動化され、耕作者不在で放棄されていた土地が収益源に変わることも考えられる。

## ❹行動の組み立て

行動の組み立てが実現することで、たとえば、単に「持ち上げる」のではなく「優しく持ち上げる」など、③以上に繊細な作業ができるようになる。その結果、これまで動きのないモノを対象にしていた機械の活動は、感情労働の分野まで広がることが予想される。

介護の現場で機械が活躍することも考えられるだろう。相手を傷つけないようにそっと抱える、体を拭くといった行為を機械が代替できるからだ。また、料理や掃除家事のように、日常生活の仕事もこなせるようになる。

機械の特性をさらに活かす活動として、原子炉や深海、宇宙といった極限環境での作業を要求することができる。極限環境での活動は極めて危険度が高いため、人間にはできなかった仕事だ。それだけではなく、過去の経験が通用しない未知の環境でもあり、機械がそこで習得した知識から人間が学ぶことにもできるだろう。この領域の技術が確立されることによって、人間の代替ではない、機械だからこその可能性が見えてくる。

## ❺言語とのひも付け

認識と行動が言葉と結び付けば、人間が用意した言葉を音声として発するだけではなく、より自律的に思考できるようになる。現在の言語処理は、言葉の文字列を単なる記号と見なし、そのパターンを統計的に学習するものだが、その「意味」までを理解できる段階だ。

機械翻訳が実用レベルに達するだけではない。言い換えや要約などもできるようになる。その結果、言葉の壁が存在しない世界が生まれ、翻訳や外国語学習という行為そのものがなくなる可能性がある。ビジネスはよりグローバルになり、たとえばｅコマースサイトの海外展開は当然になるだろう。

❻さらなる知識獲得

言葉を習得し、知識を獲得するようになれば、人間の知的労働分野にも機械が参入できる。ここまで来れば、ロボットの教師が登壇しているという世界も考えられるだろう。また、状況に応じて臨機応変な対応が求められる秘書的な業務、さらには現在のホワイトカラーの仕事全般を支援することもできるようになる。

## 日本のモノづくりは復権する

では、こうした社会の変化は日本企業に何をもたらすのであろうか。私は、大きく二つの利点があると考えている。

一つは、人手不足の解消が挙げられる。自動化が進む可能性が高くかつ人手不足の産業の代表として、たとえば物流業や小売業、農業、建設業が挙げられる。これらの業種での人手不足は日本における慢性的な問題だ。国内の生産年齢人口は下降を続けているが、日本には積極的に移民を受け入れる文化はなく、解決への糸口を見出せていない。

だが、ディープラーニングによる仕事の自動化が進むことによって、人手不足が解消する可能性が見えてくる。社会的にもこの変化を歓迎する土壌はできているといえる。言葉に関する領域に技術的な進歩が達したとすれば、その他の業種・職種にまで自動化は一気に拡大するだろう。

もう一つは、これまで日本企業が得意としていた土俵で勝負できるようになることだ。一般に、日本企業は、埋もれているニーズを掘り起こすことは苦手としている。日本からアップルのｉＰｈｏｎｅやタタの格安自動車が生まれないように、技術はあってもそれを収益化することに長けているとはいえない。

一方、すでに顕在化しているニーズに対して、より効率的な方法を追求するのは得意である。ディープラーニングの進化を考えた時、技術の発展に対応してどのようなニーズが生まれるかは明らかだ。機械の仕事は基本的には人間の代替であるため、ゼロから新しい産業を生み出す必要もない。ここに日本企業の勝機を見出すことはできる。

私は、ディープラーニングの発展は、最終的には日本企業のお家芸ともいえるモノづくりの復権につながると考えている。なぜなら、模倣できない職人的なノウハウを持っていることが、これからは圧倒的な優位性につながるからだ。

職人のノウハウとはすなわち、「認識と行動における特徴量」である。認識と行動に関する技術はすでに実用化されている、あるいは、近い将来そうなる可能性が高い。それが実現した時、これまで体系化することのできなかった職人のノウハウを自動化できる時代がやってくるだろう。つまり、すでに技術を持っている、それも言語化が難しい技術を持っている企業が圧倒的な有利にあるということだ。

自動化によって、習得まで何十年も要する高度で繊細な職人の技術を機械で再現できる日がやってくる。一人ひとりが手作業で対応していた製品も、自動化できれば大量生産が可能だ。また、物流や小売りも自動化されて低コストで運用できるため、資金力に乏しい中小企業にもチャンスが生まれる。

世界を見渡せばすでに、グーグル、フェイスブック、マイクロソフトなど、ＩＴ系の先進企業がディープラーニングの実用化に力を入れている。だが、これまでの議論からもわかるように、ディープラーニングの研究が進むことによって生まれるチャンスは、インターネット分野よりむしろ、物流や小売り、そして製造業など、日本企業の強みを発揮できる分野である。

日本に目を向けると、その取り組みはまだ発展途上である。ディープラーニングは新しい技術であり、現時点でその可能性を適切に理解するのが難しいことは理解できる。しかし、その一方で実用化は着実に進んでいる。その事実に向き合うべきではないか。

製造業など消費の現場に近い企業はすでに、自分たちが身を置く環境が一変するかもしれないという危機感を持っている。単に恐れるのではなく、新しい技術から生まれる可能性に投資する気持ちで向き合えば、業界内の順位が大きく変動する可能性すらあるだろう。

ディープラーニングの技術の進歩に伴い、日本が世界で儲けるチャンスが訪れている。先行して参入すればデータや技術が蓄積され、それ自体がビジネスになることも考えられるだろう。海外企業に独占されてしまう前に、日本企業はその可能性を正しく理解し、すぐにでも参入の準備をすべきである。

【注】

コンピュータがみずから特徴量を決めるためには、膨大な計算が必要となる。二〇一二年、グーグルの研究者が、コンピュータが「猫」を識別できるようになったと発表して話題を呼んだ。それをするためには、一〇〇〇台のコンピュータをつなげて、一〇〇〇万枚の画像を三日間読み取らせている。ディープラーニングを実用化するためには、さらなる計算力の向上も欠かせない。

第5章

# アリババの戦略はアルゴリズムに従う

マーティン・リーブス
曽 鳴
アミン・ベンジャラ

"The Self-Tuning Enterprise"
*Harvard Business Review*, June 2015.
邦訳『DIAMONDハーバード・ビジネス・レビュー』2015年11月号

**マーティン・リーブス**
**(Martin Reeves)**
ボストン コンサルティング グループ、ニューヨーク事務所シニアパートナー。クヌート・ハーネス、ジャンメジャヤ・シンハとの共著書『戦略にこそ「戦略」が必要だ』(日本経済新聞出版社)がある。

**曽 鳴**
**(Ming Zeng)**
アリババグループの最高戦略責任者。

**アミン・ベンジャラ**
**(Amin Venjara)**
本稿執筆時はボストン コンサルティング グループのプロジェクトリーダー。現在は、人事関連サービスを手がけるADPで戦略・事業開発担当バイスプレジデントを務める。

## アルゴリズムを効果的に活かす

新しいビジネスモデルをいつ開発すべきか、いまは新規市場に参入すべき時か——その答えをアルゴリズムが教えてくれたら、素晴らしいではないか。

そんなアルゴリズムがあると言えば、嘘になる。そんなものは存在しないし、近い将来にアルゴリズム（もしくは、他の人工知能の一種）がこのような戦略上の難問に答えを出せる時代が来るとも思えない。しかし、それに引けを取らないほど興味深い手法が出現しつつある。それは、組織がアルゴリズムの原理を応用し、現状に即してビジネスモデルや経営資源の配分プロセス、組織構造に、たえず調整を加える方法である。しかも、トップが指示を出さなくてもよいのだ。

これは物議を醸す見解だが、グーグルやネットフリックス、アマゾンドットコム、アリババをはじめとするインターネット企業で、我々が実際に目にしてきた進化をもとに導き出したものである。

こうした企業は、顧客の行動に関するリアルタイムデータを駆使し、何百万人もの顧客一人ひとりに応じて自社製品やサービスを自動的に調整することに、ずば抜けた手腕を発揮するようになっている。

実のところ、こうした絶え間ない調整を支えるのはアルゴリズムだ。しかし、アルゴリズムの土台を成すプロセスやテクノロジーは魔法ではない。それらを切り離して、いかに機能しているかを観察し、そのノウハウを他の環境で活かすことができる。それこそがまさしく、前述した企業が実践し始めたことである。

本稿ではまず、複雑で変化に富む環境において、セルフチューニング（自動調整）型アルゴリズムがいかに学習し、効果的に調整できるかを見ていく。その次に、中国のｅコマースの巨人であるアリババを例に挙げながら、一部の組織が全社的にセルフチューニングをどのように適用しているかを確認する。

## 変化の激しい市場で求められる機動的な経営

セルフチューニング型アルゴリズムを掘り下げる前に、なぜ多くの企業が戦略や組織に対して新しいアプローチを必要としているかについて考えてみよう。

近年、テクノロジーによって、未曽有の変化と不確実性が市場にもたらされた。CEOたちが敏捷性や適応力について口々に力説するのは無理もない。それほど話題に上らないが、こうした影響の結果にはばらつきがあり、それによって市場はかつてないほど多様化している。先進国の安定した既存事業を、発展途上国の予測不能な新規事業と一緒に舵取りしなければならない。急速に進化するテクノロジーベースの事業と、動きの遅い利益を生み出す事業をともにマネジメントする必要があるのだ。

こうした多様性に対処するに当たり、企業はそれぞれの事業を行う環境に応じて戦略と実行へのアプローチをカスタマイズする必要がある。さらに、変化のスピードが加速しているので、こうした数々のアプローチをたえず「再チューニング」しなくてはならない。しかし、従来通り、トップダウン式の周到な意思決定で、こうした変更に逐一対処するのは不可能である。組織の仕組みの中に、調整する能力を織り込んでいかなくてはならないのだ。

そこで、セルフチューニングの登場となる。セルフチューニングには、敏捷性（迅速な調整）、適応性（試行錯誤を通じた学習）、両刀使い（探索と活用との間のバランス）という考え方が結び付いている。セルフチューニング型アルゴリズムにはこの三つの要素がすべて組み込まれており、自律的な形で機能する。

その代表格が、アマゾンやネットフリックスのレコメンドシステムのアルゴリズムだ。こうしたアルゴリズムは効果を上げるために、顧客の既知の好みを活用しつつ、新たに好みに合うような、さまざまなアイテムを探り出せるように、絶妙なバランスを取らなければならない。無難な商品ばかり提示すればユーザーに飽きられてしまい、企業は新しいレコメンデーションの情報源となるデータ収集の機会を逸することになる。可能性を探るような選択肢ばかりを提示すれば、ユーザーは物足りなさを覚えて、レコメンデーションに不信感を抱くかもしれない。こうしたトレードオフに臨機応変に対処するため、レコメンドエンジンはユーザーに対する理解を進化させながら、たえず提案を刷新している。

これらのアルゴリズムは、お互いに関わり合う三つの学習ループに基づいて、機能している。

### 実験：何が奏功するかを突き止める

これにはまず、新しい選択肢を生成しなければならない。システムの成功には、選択肢を徐々に拡充していくライブラリーが欠かせない。第二に、費用をかけずに選択肢をテストする必要がある。つまり、レコメンドはコンテンツと顧客の行動に関する知識に基づいてなされるが、マンネリ化を避けるには、ある程度のランダム性や拡大解釈が必要になる。第三に、効果のあった手法をさらに展開する必要がある。クリックレート、購買、インターネット視聴率をシステムで追跡して個人の嗜好について学びを深めたうえで、その情報を活用して今後のレコメンデーションに磨きをかけるのだ。

## 調節：実験方法と実験量を調整する

セルフチューニング型アルゴリズムは試行錯誤だけでなく、実験スピードを環境に合わせることによっても学習する。言い換えると、実験するマシンは実験を進めながら、みずからを修正していく。新規顧客であれば、何を好み、何を好まないかを割り出すために実験スピードを上げなければならない。

アルゴリズムが新規顧客に関する学習を重ねれば、スピードを落とすことができる。ただし、ユーザー全員がある程度は可能性を探索し、意外性を実感できるようにすべきであり、実験を完全に止めてはならない。

## 形成：好みに影響を与える

レコメンドエンジンがもたらす喜びの多くは、勧められなければ見つけようもない商品やコンテンツを発見することにある。新しいカテゴリーや商品に誘導されれば、ユーザーの興味の対象が明確になるとともに具体化される。ちょうど伝統的マーケティングにおける広告と同じように、レコメンドエンジンはこれまでの好みを強化するだけでなく、新しい好みを生み出す役割を担っているのである。

重要なのは、三つのループがいずれも人間の意思決定を介さずに、自律的に実行される点だ。レコメンデーションの作成やユーザーのフィードバックの個別解釈、手動による実験スピードの調整、ユーザーを対象にした新しい最適な選択肢の検討にも、アナリストは必要ない。だからこそ、セルフチューニング型システムを超高速で運用できるのである。

## 自社のビジネスを再構築する力

セルフチューニング型アルゴリズムに先鞭をつける企業は成長し成熟するにつれ、事業の運営と再構築とのはざまで課題に直面するようになる。それは、マーケティング部門だけに限ったことではない。このため、当然ながら一部の企業は、セルフチューニングの原則を全社的に展開する新しい経営手法を導入している。

これがどのように機能するかを理解するため、一連の戦略的プロセスが何層にも重なったものとして、この種の企業をとらえてみよう。最上層では、ビジョンが全社的な方向性と大きな夢を指し示す。このビジョンを実現する一つの手段として、企業は有利なポジションを創出しようと、ケイパビリティと資産を結集させてビジネスモデルや戦略を展開する。また、そのビジネスモデルや戦略を巧みに運用できるように、組織構造や情報システム、企業文化を活用していく。

多くの組織では、ビジョンとビジネスモデルは全事業を運営していく軸として固定されている。これらはたいてい創業者が策定したものであり、ひとたびうまくいくことが証明されれば、変更されることはまずない。したがって、これらを支える組織体制、システム、プロセス、企業文化もまた、長期間にわたって変わらない。実験やイノベーションの対象は既存のビジネスモデルの枠内で提供される製品やサービスにほぼ集中するが、それは企業が他の領域においても、定評のある成功の秘訣を拠り所とするからである。

これに対して、セルフチューニング型企業はあらゆる階層で進化を目指す手法を取る。三つの学習ループを活用して、ビジョンとビジネスモデル、そしてそれらを支える構成要素を環境変化に合わせて何度も調整する。こうした組織は、もはや上層部の意図を伝達する固定的手段ではなく、むしろ、外部からのフィードバックに応じて移行し発展するネットワークと見なされる。これが実際にどういうことか、アリババの例を挙げながら見ていこう。

アリババグループは一九九九年の創業当初、中国の小規模メーカー向けにB2Bのｅコマースサイトを構築することに注力していたが、それ以降は自社のポートフォリオを多方面に拡大してきた。今日、同社は一〇に及ぶ事業で約二万七〇〇〇人の従業員を抱え、売上高は八〇億ドルを超える。移り変わりの激しい中国のｅコマース市場でこれほどの成功を収めるには、あらゆる階層でたえず事業を再チューニングする必要があったはずだ。この点においてアリババがどう取り組んできたかを見れば、他の組織にとっても多くの指針となるだろう（図５「アリババの進化の軌跡」を参照）。

## ビジョンを再定義し続ける

アリババが創業した当時、中国のインターネット普及率は一％にも満たなかった。この数字は伸びるという点で、大方の予想は一致していたものの、成長の性質や形を予測するのは難しかった。そこでアリババは、実験に根差した手法を採った。いついかなる時も、同社のビジョンは将来に関する最善の作業仮説である。市場の進化に伴い、同社のリーダーたちは仮説を実情に照らして確認し、必要に応じて修正することで、ビジョンに見直しをかけてきた。

創業当初、アリババの目標は「ｅコマース企業として、中国の小規模な輸出企業にサービスを提供すること」だった。このため、国際的商取引のプラットフォームを構築したアリババド

**2009年**

阿里雲（アリババクラウドコンピューティング）を設立

**2010年**

消費者向け国際通販サイト、全球速売通（アリエクスプレス）を開設

**2011年**

タオバオマーケットプレイスから**Tモール**（当時はタオバオモール）と**イータオ**を独立したプラットフォームとして分離

共同購入サイト、**聚划算**（ジュファサン）を独立事業に

**2014年**

金融サービス会社、**螞蟻金融服務集団**（アント・ファイナンシャル・サービシズ）を設立

**2013年**

中国の物流会社、**菜鳥網絡**（ツァイニャオ）を設立

eコマースのエコシステムの発展を促す。

グローバル展開を開始する。

中国のeコマースの将来に対してさまざまなヤマを張る。

eコマースの枠を超えてあらゆる商取引に移行し、インフラサービスに重点的に取り組む。

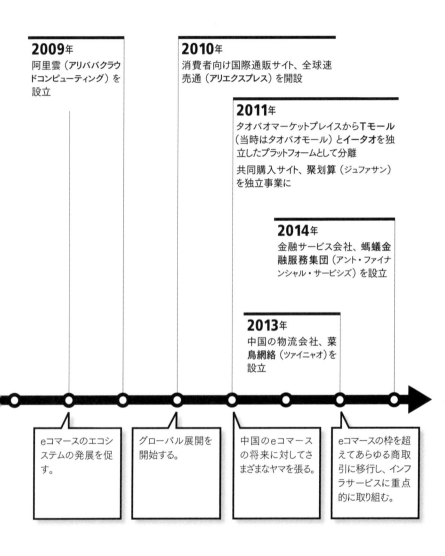

図5｜**アリババの進化の軌跡**

たえず重点事項を見直し新しいモデルを実験することによって、従業員18人の零細スタートアップ企業だったアリババは、雇用者数2万7000人、年商80億ドルの企業へと成長を遂げた。同社の主な動きを以下にまとめた。

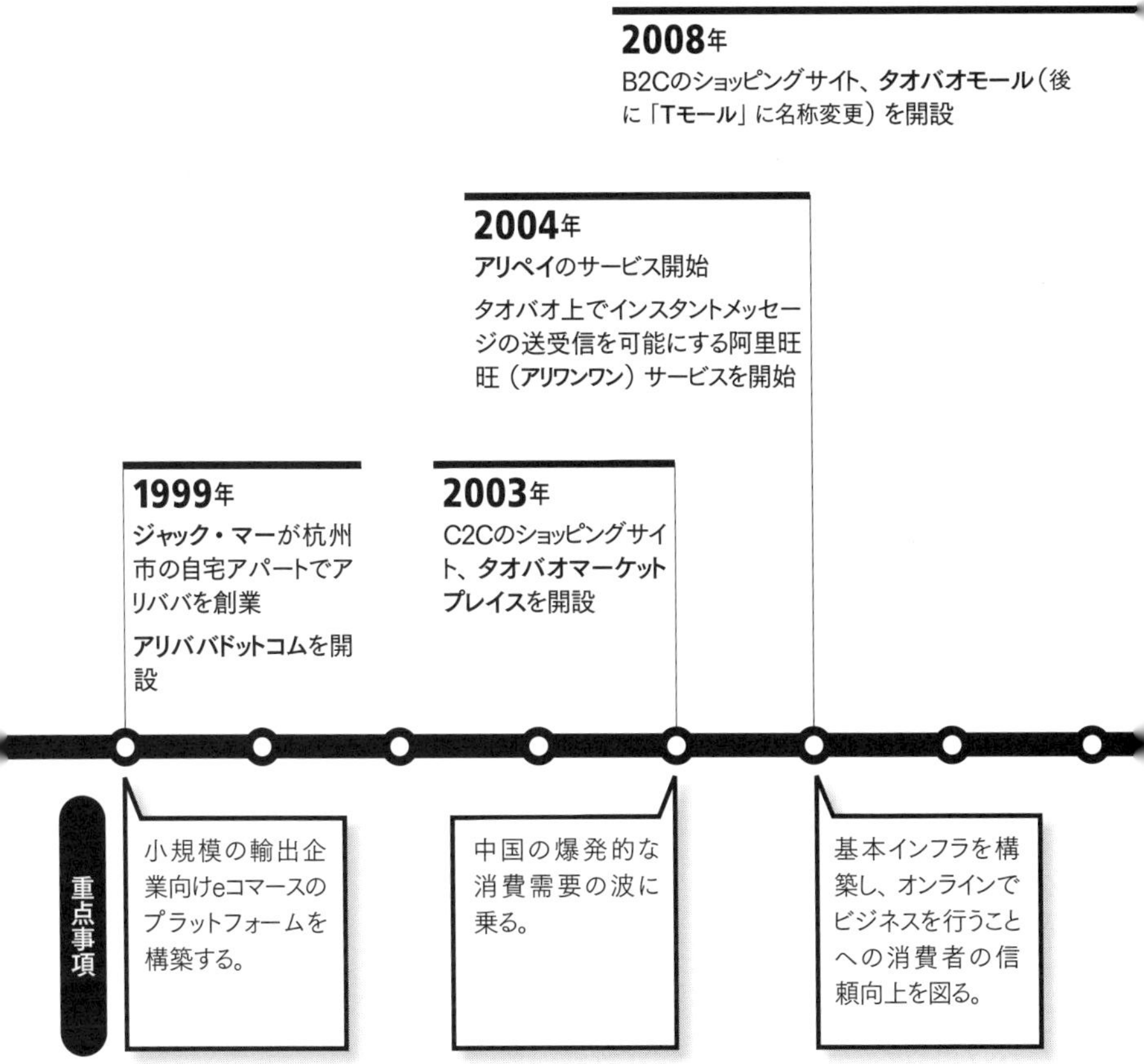

2008年
B2Cのショッピングサイト、タオバオモール（後に「Tモール」に名称変更）を開設
2004年
アリペイのサービス開始
タオバオ上でインスタントメッセージの送受信を可能にする阿里旺旺（アリワンワン）サービスを開始
1999年
ジャック・マーが杭州市の自宅アパートでアリババを創業
アリババドットコムを開設
2003年
C2Cのショッピングサイト、タオバオマーケットプレイスを開設
重点事項
小規模の輸出企業向けeコマースのプラットフォームを構築する。
中国の爆発的な消費需要の波に乗る。
基本インフラを構築し、オンラインでビジネスを行うことへの消費者の信頼向上を図る。

ットコムに当初は力を入れたが、市場の変化に伴ってビジョンも変化する。中国の内需が爆発的に拡大する中、アリババは自社サービスを消費者へと広げる好機を見出し、二〇〇三年にC2Cのショッピングサイトである淘宝網（タオバオマーケットプレイス）を開設した。ほどなくして、同社は中国の消費者が求めているのは商品を売買するサイトに留まらないことに気づく。消費者はネットビジネスに対する信頼性の向上を求めていた。たとえば、オンライン決済が安全であるという確信を持つ必要があったのだ。

そこで同社は二〇〇四年、オンライン決済サービスの支付宝（アリペイ）を開設した。第三者預託サービスと出品者評価システムの両方を提供して、透明性と信頼の要素を導入したところ、中国のeコマースの普及に拍車がかかった。

最終的にこれに伴い、アリババは二〇〇八年に再度ビジョンを見直し、「中国におけるeコマースのエコシステムの発展」を促進することと改めた。クラウドコンピューティング・プラットフォームやマイクロファイナンス、スマートロジスティックス・プラットフォームなど、インフラサービスの提供を増やすようになった。

さらに最近は、デジタルチャネルと実店舗チャネルの急速な収斂を受けて、再びビジョンを変更した。現在のビジョンステートメントではeコマースから意図的に「e」を除いて、純粋に「未来の商取引におけるインフラ構築を目指す」としている。

常にビジョンを再チューニングすることで、アリババは市場の新しい状況に迅速かつ巧みに対応するだけでなく、消費者と企業の相互作用のあり方を方向づけられたのである。

## ビジネスモデルを試す

非常に早い段階からビジネスモデルの実験に力を入れてこなければ、アリババはデジタルの世界ほぼすべてを網羅する企業ポートフォリオを構築できなかっただろう。しかし、同社がタオバオを開設するに当たって、中核であるB2Bのeコマースプラットフォーム以外に初めて打って出た時には、その意思決定をめぐって社内で激しい議論が巻き起こった。というのも、それは誰の目にも無敵に見えたイーベイに真っ向から立ち向かうことを意味していたからである。

立ち上げたばかりのB2B事業の混乱を最小化するため、タオバオは独立企業として設立された。アパートの一室にオフィスを別に設け、資金調達も別途行った（ソフトバンクと五〇%ずつ出資して合弁会社をつくった）。

アリババは進化の節目に応じて、ビジネスモデルの新しい選択肢を生み出し続け、それらを別会社として運営してきた。テストが終わると、最も有望なビジネスモデルを拡大する一方で、見込みの薄いものは打ち切ったり再吸収したりしている。

たとえば二〇〇六年には、二つの新しいトレンドに着目して二つの事業の立ち上げを決めた。成長中のB2C市場の開拓に向けては、既存ブランドが中国の消費者にリーチするためのプラットフォーム、淘宝商城（タオバオモール）の構築に着手した。この事業は後にアリババグループの主力となる天猫Tモールの前身となった。

SaaS（ソフトウェア・アズ・ア・サービス）への流れに乗るべく阿里軟件（アリソフト）もスタートさせたが、市場参入は時機尚早だったようだ。顧客を十分に獲得できるキラーアプリケーションを見出せず、二〇〇九年にこの事業から撤退した。

アリババのもう一つの成功要因は、状況に合わせてビジネスモデルの実験スピードを調整できる能力だ。たとえば、タオバオモールは開設からわずか四年で中国の消費者向けインターネットショッピングサイト市場で八〇%以上のシェアを獲得し、二〇一一年までに国全体を席巻する社会現象となった。このように主導的なポジションを獲得すれば、多くの企業は自社のビジネスモデルの有効性が実証されたと見なし、その成功モデルを最大限活用することに注力するだろう。

ところがアリババは、中国で急増し続けるインターネット人口と次第に洗練度を増す消費者や小売業者を、市場の深刻な不透明性を示すシグナルであり、現行モデルに対するリスクととらえた。

どの方向に向かうべきか、どのようなモデルを構築すべきかについて、再び社内で激論が交わされた。アリババはトップダウンの意思決定に頼らず、多方面に展開して市場淘汰に委ねることに決め、二〇一一年には、大成功していたタオバオを三つの独立事業に分割した。

それぞれが描く中国のeコマースの将来像は異なっており、タオバオはC2C、TモールはB2C、新たに設立された一淘（イータオ）は商品検索サービスに特化していた。結果的にそのうちの一つのモデルが優勢になった可能性もあるが、実際には、アリババは二つのマス市場向け事業を成功させ（Tモールは競争が激しいB2C市場でシェア六〇%を握り、タオバオはC2C市場のリーダーである）、強力なニッチ市場のモデル（イータオ）も誕生させたのである。

成功がピークに達した段階で実験を拡大するのは従来の経営の常識に反するが、アリババにとって、硬直化を避けて選択肢を持つうえで必要なことだった。実験方法と実験量の手直しは、同社が芽生えつつある市場のトレンドに乗るために不可欠だったのである。

## 計画の実行ではなく、戦略上の機会をとらえ、構想に力を入れる

移り変わりの激しい環境では、計画はすぐに時流にそぐわないものになる。アリババの場合、

テクノロジーの急速な進歩、中国内外における消費者の期待値の変遷、不透明な規制により、将来を見通すことは難しかった。この状況に対処するため、アリババは継続的に「再プランニング」するプロセスを採用した。固定された詳細な青写真を綿密に実践するのではなく、環境の変化に応じて自社の戦略や戦術にたえず手直しするのだ。

アリババには定期的なプランニングサイクルがあり、毎年第4四半期に各事業部門のリーダーと経営幹部チームがプランについて話し合うが、これは出発点にすぎないと認識されている。事業部門のリーダーが市場の大きな変化や新たな機会を察知すれば、いつでも「共創」プロセスを始動でき、事業部の上層部や実行担当リーダーなどとともに従業員が顧客とじかに接しながら、新たな事業の方向性を定めていく。

アリババの共創プロセスには、四つのステップがある。最初のステップは共通認識を築く段階であり、(市場データ、顧客やスタッフの知見に基づいて) 変化のシグナルを特定し、適切な人材を揃えて協働に向けて準備を整える。これには通常、丸一日かけてワーキングセッションを行う。二番目は顧客を知るためのステップだ。参加者が顧客とじかに接して顧客ニーズの変化や問題点を探り、取りうる解決策についてブレーンストーミングする。三番目のステップでは、顧客との話し合いに基づいてアクションプランを策定する。アクションプランでは、チャンスを支持し後押しするリーダー、アイデアを実行に移すサポートチーム (複数の場合もある）、仕事をやり遂げるためのメカニズムを明確にしなければならない。最後のステップでは、プランを実行しながら顧客のフィードバックを定期的に収集するが、その内容によっては、さらにプロセスを繰り返す場合もある。

この共創プロセスから浮き彫りになるのが、セルフチューニング型企業の自律性である。アリババの各事業部門は市場で相応のきっかけを察知すれば、本部の命令や監督を待たずに、いつでも共創セッションを始められる。

現在、このプロセスは成功パターンに則っているが、各共創プロジェクトは目の前の状況に合わせて調整される。また、定期的に顧客と意見交換する場を設けることで、アリババは市場と同じペースで進化を遂げられるのだ。

上意下達の場合とは対照的に、このアプローチを取れば、市場からイノベーションが生まれる余地が大きくなる。上層部は実質的に、市場主導のメカニズムに委ねたほうがよいことは管理しようとしないのである。

## 組織を適応させることに秀でる

アリババでは、組織の柔軟性を維持することがひときわ重視されている。同社の実体験から導き出された教訓の中で、とりわけ目立つものがいくつかある。その一つが、最初から変化を見越す姿勢を、企業文化に織り込むことが重要だという教訓だ。「変化を受け入れること」は、同社が創業当初から提唱してきた六つの中核的価値観の一つである。

同社の創業者であり会長を務めるジャック・マーは常に従業員、投資家、顧客に対してこの重要性を説いている。「情報時代にあって、変化ほど落ち着きをもたらすものはない。非の打ちどころがなく、あらゆる問題を解決できる組織構造など、どこにもない」と、彼は言う。この考え方がアリババの新規採用を支える柱になっている。同社は候補者の専門的スキルだけでなく、急速に変化する状況下で成長していく能力を示せるかどうかも評価するのである。

もう一つ重要なのは、変化は単に甘んじて受け入れるのではなく、積極的に追求すべきものだという教訓である。伝統的な企業では、組織変革はめったにない大がかりな取り組みを通して行われることが多い。これに対して、みずからのチューニングを欠かさない企業は、こうした一か八かの単発的変革が必要にならないよう抑止している。

アリババが二〇一二年に試みた新しいプログラムを考えてみよう。この時、同社は幅広い事業ポートフォリオ全体で上級マネジャー二二人のローテーションを行った。業務の継続に支障を来すことを危惧する声も上がったが、マネジャーたちがナレッジの制度化や移転を図ったこともあり、このプログラムは成功した。

トップ人材のスキルが向上したばかりか、経営陣がいかに柔軟性に本気で取り組んでいるかが示されたのである。成功との判断を受けてこのプログラムは続行され、上級幹部の一部を毎年、ローテーションさせている。

## 流動性とフィードバックを促すシステムを構築する

アリババは創業当初、情報の流れと経営資源を管理するために優れたＥＲＰ（統合基幹業務）システムを活用していた。しかし、ＥＲＰは変化を促すよりも阻んでいることが徐々に明らかになった。ＥＲＰが対象とするのは、報告系統が明確で一本化された伝統的かつ安定的な組織であり、進化していく組織体系に合わせてＥＲＰを調整するのは並たいていのことではない。アリババには、もっと機動的なシステムが必要だったのだ。

アリババのチームは、社内の従業員向けポータルの機能を拡充して、ＥＲＰに代わる優れたシステムを開発しようとした。まずチームが構築したのは、従業員が昇進を自己申告できる機能である。これによって従業員は、以前よりも自分のキャリアパスを管理できるようになった。

次にチームは、人事担当幹部が組織構造と全従業員の記録の参照先とを同時に難なく更新できるウェブベースのインターフェースを追加した。これにより、業務チームが市場ニーズに応じてみずからの再調整を行うたびに社内の人事システムとプロセスも更新されるようになった。

さらに、目標設定のインターフェースの柔軟性を高めて業績評価システムも改善した。従業員は固定的な年間目標ではなく、プロジェクトごとに異なる期間で目標を設定し、所属部署以外の同僚とそれぞれの目標の方向性を合わせられる。このインターフェースを通じて、いまでは同僚にフィードバックを与えるのも容易になっている。


セルフチューニング型企業の先駆けはアリババのようなデジタルネイティブだが、そこで生まれつつある教訓は、デジタル業界か古くからある業界かを問わず、幅広い企業で活用できる。デジタル業界の先駆者はテクノロジーの絶え間ない変化を前にして自己改革が必要になるが、より伝統的な業界もまた複雑で動的な環境に直面するだろう。

こうした環境の創造と活用の双方を後押しするツーサイドマーケット(注)のようなテクノロジーが、デジタル業界の垣根を大きく超えて広がっている。現在、実験を進めている企業から戦略を借りれば、予測不能な市場に遅れずについていく方法、さらには時代を先取りする方法さえも見出すことができる。

## 破壊的イノベーション時代の戦略策定

戦略策定は変化を伴う課題であり、競争環境が変われば戦略も変えなくてはならない（「戦略構築にこそ戦略が必要である」〈DHBR二〇一三年一月号〉を参照）。

この点を理解していない企業がどのような結末を迎えるかは、破壊的イノベーションに直面した既存企業にまつわる数々のお馴染みのストーリーが浮き彫りにしている。複雑さを極める動的な環境では、戦略にたえず見直しをかけるセルフチューニング型アプローチが求められるのである。

この見方を検証するため、筆者の同僚であるゲオルク・ビッテンブルクは多腕バンディット型アルゴリズムを活用してビジネスシミュレーションを開発した。これによって、破壊的技術と類似する状況に直面した場合に伝統的戦略、適応型戦略、セルフチューニング型戦略がどのような成果を上げるかを確認したところ、安定的状況と変動する状況の両方において、セルフチューニング型戦略が最も一貫して最大の利益をもたらした。

**破壊的技術に類似する状況**

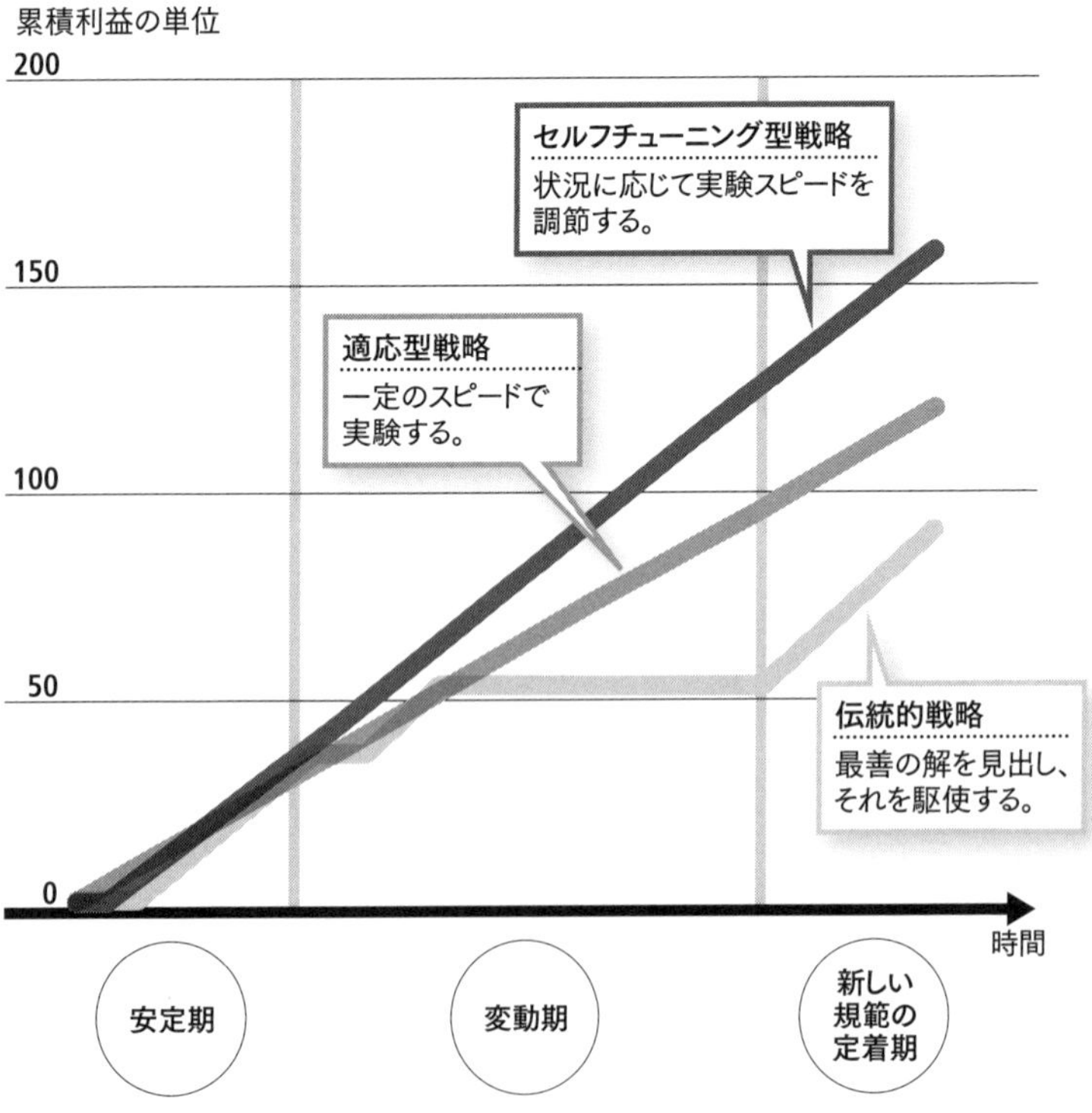

## セルフチューニングへの準備はできているか

❶あなたが事業を展開している市場はどのくらい変わりやすく、複雑で、不確実性が高いか。
❷市場のメカニズムに委ねたほうがよいものを「マネジメント」していないか。
❸あなたの組織は実験や学習に長けているか。
❹セルフチューニング型アプローチを試すなら、どこから着手できるか。

【注】

異なる二タイプのユーザーグループを結び付けて取引活動を促す市場であり、「ツーサイドプラットフォーム」とも呼ばれる。小売店舗と消費者をつなぐクレジットカード、読者と広告主をつなぐ新聞、ゲーム愛好者と開発者を結ぶゲーム機などが該当する。

第6章

# あなたの上司がロボットに代わったら

ウォルター・フリック

"When Your Boss Wears Metal Pants"
*Harvard Business Review*, June 2015.
邦訳『DIAMONDハーバード・ビジネス・レビュー』2015年5月号

ウォルター・フリック
(Walter Frick)
『ハーバード・ビジネス・レビュー』のアソシエートエディター。

## 考える機械といかに働くのか

二〇一三年に開催されたロボットカンファレンスの会場で、マサチューセッツ工科大学（MIT）の研究員ケイト・ダーリングが、「本物そっくりのおもちゃの恐竜ロボットと遊びませんか」と呼びかけた。このロボットの名は「プレオ」といい、大きさはチワワくらいだった。呼びかけに応じた人々は、手渡されたロボットにそれぞれ名前をつけ、接するように指示された。彼らはすぐに、プレオに意思を伝える能力があるのがわかった。表情やしぐさを通して、なでられるのは好きだが、尻尾をつかまれて持ち上げられるのが嫌であることを示したからだ。

一時間後、ダーリングは休憩時間を設けた。そして、休憩明けに参加者が戻ってくると、彼女はナイフや手斧を配り、自分が遊んでいたプレオを痛めつけ、バラバラに切断するように指示した。

当初から、多少の抵抗に遭うだろうとは予想していた。しかし、全員がロボットを傷つけることを拒否したのには驚いた。誰からも傷つけられないように、身を盾にしてロボットをかばおうとする参加者さえいた。彼女は二〇一三年に行ったある講義で、「私たちは、生物にそっくりな機械が発するソーシャルキュー（社会的手がかり）に反応します」と締めくくった。「本物ではないとわかっていても、です」

この洞察は、自動化《オートメーション》の今後の方向性を決定づけるだろう。エリック・ブリニョルフソンとアンドリュー・マカフィーの共著書『ザ・セカンド・マシン・エイジ』(注)によると、製造現場で新しい作業をすぐに覚える自律型ロボットから、求職者の評価を行ったり企業戦略を提案したりするソフトウェアまでを含めた「考える機械」が職場に進出しつつあり、実業界でも社会においても膨大な価値を創造する可能性があるという（第8章「機械は我々を幸福にするのか」を参照）。とはいえ、技術的な制約はなくなりつつあるが、社会的な制約は残されている。人工知能を信頼するよう、チームを説得するにはどうしたらよいか。あるいは、ロボットをメンバーやマネジャーとして受け入れるよう、説得することは可能なのか。あなたがそのロボットの後任者になったら、チームの士気に影響が出るだろうか。

これらの疑問に答えるためには、人間は、考える機械とどうやって一緒に働き、どのように関わり合うかを理解する必要がある。この分野の研究は活発になっており、考える機械が協働で仕事をこなす方法を解明することで、私たちの知識を深めつつある。

考える機械がツールからチームメイトへと進化するに当たり、明らかな事実が一つある。それは、ロボットを受け入れるということは、単に新規テクノロジーを採用するだけでは済まされない問題があるということだ。

## アルゴリズムを信用する時、信用しない時

考える機械とともに働く際の第一関門は、機械のほうが豊富に知識を持っている場合が多々あることを、人間が認められるかどうかである。

二〇一四年に行われた研究の結果を例に挙げよう。ペンシルバニア大学ウォートンスクールでは、この研究分野でいくつかの実験を行っている。その中に、優れた予想をした被験者に経済的な報酬を与える実験がある。予想に当たっては自己判断に従ってもよいし、アルゴリズムに委ねてもよい。たとえばある実験の被験者は、過去のビジネススクールの学生たちの入学試験結果のデータを渡され、各々の学生がその後のＭＢＡ課程でどれくらい優れた成績を収めたのかを推定するように指示された。すると、ほとんどの被験者はアルゴリズムによる予測よりも、直観に従うほうを好んだ。

この現象は「アルゴリズム回避」と呼ばれ、これ以外にも数多くの研究で実証されている。患者の診断であれ、政策の結果の予想であれ、人間は常にアルゴリズムよりも人間自身が下す

判断を好む。それがみずからの判断なのか他人の判断なのかは問わない。だが、その結果、まずい決定を下すことが多いのだ。

マネジャーはそこから何を学ぶべきなのだろうか。それは社員に対して、考える機械を信頼するよう後押しするのが不可欠ということである。

残念ながら、アルゴリズムがどれほど優秀かを社員に示しただけでは、信頼には結び付かない。ウォートンスクールの研究者が、被験者に自己の推定とアルゴリズムの予測、そして正解を見せたところ、通常はアルゴリズムの予測のほうが優れていることを参加者は認識できた。ただし、結果を見せるという行為はアルゴリズムのエラーを知らせることにもつながる。それを知ると、信頼構築に悪影響が生じたのだ。

研究者の一人であるバークレー・ディトボルストは、「アルゴリズムも間違いを犯すのだとわかると、人々は信頼を失います」と語っている。人間はアルゴリズムよりミスをすることが多くても、「人間は自分たちへの信頼は失いません」と彼は言う。言い換えると、私たちは人間のミスよりも、アルゴリズムのミスを責める傾向にあるらしい。それはなぜか。ディトボルストによると、人間は、自分たちの判断は改善できるが、アルゴリズムの判断が改善されることはないと誤解しているからだという。

アルゴリズム回避の現象は、演算よりも、高度または直観的と思える作業に顕著だといえるだろう。ノースウェスタン大学ケロッグ経営大学院とハーバード・ビジネス・スクール（HBS）が行った研究では、クラウドソーシングのサイトであるアマゾン・メカニカル・タークのワーカー（オンデマンドで労働力を提供する人材）に、さまざまなタスクを完了させるように指示した。ワーカーの一部には、「認知」と「分析的思考」が問われる作業だと告げ、それ以外の人々には「気持ち」と「感情処理」が問われると説明した。

作業終了後の被験者に対して、この種の作業を安心して機械に任せられるかどうかと尋ねた。すると、感情的な作業だと説明された人は、分析的な仕事だと説明された被験者よりも、機械に委ねることに抵抗を示したのである。この研究論文の共著者であるHBSのマイケル・ノートンは、「考えることと、計算することはほぼ同じなのだ」と結論づけている。「したがってロボットが計算することは差し支えないが、ロボットが何かを感じることには問題がある。なぜなら、そうなると人間の存在に近づきすぎるからだ」

ノートンは、作業が分析的なものだと見なすだけで、アルゴリズムへの猜疑心を克服するのに役立つと考えている。ケロッグ経営大学院のアダム・ウェイツとともに行った他の実験では、ロボットが数学教師という役割を果たすことについて、被験者は「さまざまな公式やアルゴリズムを教えるには多くの分析的スキルを必要とする」と説明されると、違和感を持たない可能性が高いことがわかった。対照的に、「若者と関わる能力を必要とする」と説明されると、被験者が受け入れる可能性は低くなることが判明した。

これに対して、ウォートンスクールのディトボルストらは異なる回答を示している。アルゴリズムよりも自分自身の判断を好むのであれば、前者を後者に組み込んだらどうか、というものだ。彼らはある実験で、被験者が、アルゴリズムから出た答えに多少手を加えられるようにした。その実験は、ある高校生が数学の共通テストでどの程度の成績を取ったのかを、さまざまなデータに基づいて推測するという内容だった。被験者は、みずからの推定値とアルゴリズムが導き出した推定値のどちらかを選択せよとは強いられていなかった。つまりアルゴリズムの推定値を数%上下に調整し、その結果を自分の予測値として提出することができたのである。

この研究では、そのような選択肢が与えられると、アルゴリズムを信頼する確率が高くなることが明らかになった。その理由について、ディトボルストは「自分の力の及ぶ範囲で、予想することを諦めたとは考えなくなるからだ」と分析している。

## 自分に似ていると、ロボットへの信頼は高まる

考える機械への信頼を促すもう一つの方法は、ロボットをより人間に近づけることだ。ある

研究によって、機械やアルゴリズムに声を出させたり、人間の体だと認識できるものを与えたりすると関係性を築きやすくなることが示されている。

ノースウェスタン大学、コネチカット大学、シカゴ大学の研究者は、自動運転車を使ってこの命題を検証した。この実験では運転シミュレーターを使ったが、被験者はハンドルを自分で切ることも、自動運転機能を使うこともできた。単にシミュレーターによってステアリングとスピードを制御する車と、自動運転機能に人間的な特徴が加わっている車があり、後者は「アイリス」と名づけられ、ドライバーの運転中に女性の声で話しかけた。その結果、アイリスを搭載した車を運転した人は自動運転機能に任せる確率が高かった。

実験ではさらに、自動運転機能の不備ではなく、別の自動車の責任のように見える事故をシミュレーションの一部としてプログラミングしていた。事故発生時の両者を比較すると、アイリスがハンドルを操作している時に事故に遭った参加者は、名前もなく声も出ないソフトを搭載した自動車を運転していた人より落ち着いており、事故が起きたのは自動運転ソフトのせいだと非難する確率も低かったのである。

研究者によると、アイリスへの信頼が高かった理由は、人間が持つ擬人化傾向であった。考える能力、感じる能力、意図を表現する能力など、人間が持つ特徴や動機を人間以外に見出すことを擬人化という。長期にわたる数々の研究から、機械に声、体、名前を与えると、機械と働くことに安心感を与えることができると示されている。たとえば我々は、ロボットが「アイコンタクト」を行うとロボットとより効果的に協働でき、頭をかしげると可愛らしく人間的だと思うようだ。これはプレオの例にも該当する。

カーネギーメロン大学の研究者は、「スナックボット」と名づけた身長四・五フィート(約一・四メートル)の自律型ロボットを使って、このアイデアを掘り下げた。そのロボットは車輪付きで腕があり、男性の声を発したり、LEDで光る口を開けて笑ったり、への字に曲げたりすることができる。スナックボットの仕事は、オフィス内でおやつを配って回ることだったが、擬人化を引き起こすことを明確に意図して設計されていた。予想通り、オフィスの社員たちはこのロボットと会話を交わし、優しく扱った。ある被験者は、ロボットとの交流について尋ねられると、「スナックボットには感情がありません。しかし、おやつを受け取ったら用はないとばかりにドアを閉めるようなことはしたくないのです」と答えた。

スナックボットは、たとえば好みのスナックについてコメントするなど、一部の社員と「個人的な」会話を交わすようにプログラムされていた。このような対応を受けた社員は、ロボットのサービスへの満足度が高かった。また、おやつを配るためにどこを追加で回るべきかという質問など、スナックボットから尋ねられたり頼まれたりしたことに協力する確率も高かった。

## ロボットが人間的になりすぎる場合もある

考える機械に人間の特徴を加える時の問題の一つは、機械の能力を過度に信頼しすぎるおそれがあることだ。

カナダのマニトバ大学の研究者は、この点について実験をいくつか行っている。被験者にはまず、コンピュータに保存されたファイルの名称を変更するという退屈な反復作業をさせた。被験者は、この実験を何時間続けるのかを知らされていなかった。「いつでも帰ってよい」とだけ告げられていたが、名称を変更すべきファイルは際限なくあるように思われた。

おのずと作業を止めたくなるが、手を止めようとすると、「ジム」と名づけられた身長二フィート（約六〇センチ）のロボットに作業を続けるように催促される。ジムは机の上に腰かけると、ロボット特有の声でしゃべり、物問いたげに室内を見渡し、手振りでジェスチャーをした。これらの機能は、知性を反映するように設計されたものだった（被験者には知らされていなかったが、実は研究者によって操作されており、自力でこなせることは少なかった）。

ジムは、誰かが作業を止めようとすると「続けてください。もっとデータが必要です」「あなたに続けてもらう必要があります」などと告げた。実験は、ロボットの催促を無視して作業を放棄するか、開始から八〇分経過するまで続けられた。

この研究論文の筆者の一人であるジェームズ・ヤングにとって最も印象的だったのは、多くの人が「交渉可能な相手のようにロボットを扱う」ことだった。ロボットは、二、三の言葉を繰り返す以外には何もしなかった。にもかかわらず、作業を続けるように命じられた時、いかに理不尽に感じたかを参加者は語り合ったのだ。体があり声が出るという事実だけでも、ロボットには論理的な思考能力があると思わせるのに十分だったのである。

もう一つの問題は、機械がより人間的になるにつれて、人間に対峙する時と同じように固定概念に当てはめたり、差別したりする可能性が高まることだ。

韓国の崇実《スンシル》大学の研究者は、中国中央電視台（CCTV）の映像をモニタリングして不審人物がいないかをチェックする、警備ロボットへの満足度を測る実験をした。すると、「ジョン」という名前で男性の声を発するロボットは、「ジョーン」という名で女性の声を出すロボットと比べて、同じ仕事をしていても役に立つと評価されたのだ。ただし、家事をこなすロボットに関しては、これと逆の影響があると別の研究では言及されている。

最後の問題は、人間に近づいたロボットが職場で対人関係の問題を起こすおそれがあることだ。

スナックボットの実験を例に挙げよう。ある社員は、他の社員にも聞こえるところで、「リースのピーナッツバター・カップをよく注文しますね」とロボットに言われると、気まずい思いをしたという。スナックボットがある同僚を「いつもオフィスで熱心に仕事していますね」とほめるのを聞いて、嫉妬心を抱いた社員もいた。

人間と機械の相互作用を研究している、南カリフォルニア大学教授のジョナサン・グラッチはこれについて、「人間的な特徴、とりわけ感情のようなものを加えれば加えるほど、このような社会的影響を強く引き起こします」と語っている。「ロボットの仮想チームメイトが、あたかも人間のようであることを望むのかどうか。その答えは、必ずしも明確ではありません。望んでいるのは、人間より優秀な存在であることです」

グラッチは、考える機械が両方の領域で最善のものを得ること、すなわち、人間から信頼を得る一方で、擬人化にまつわる問題点のいくつかを回避することはできるのかを研究してきた。ある実験では、被験者を二つのグループに分けたうえで、テレビの画面に登場するデジタルのアバター（「仮想人間」と呼ばれた）と自分の健康状態に関する議論を交わしてもらった。

この時、一方のグループではアバターは人間が操作していると説明されたが、別のグループはアバターは完全に自動で動いていると告げられた。すると、後者のグループのほうがみずからの健康状態について多くのことをすすんで打ち明け、つらい表情も多く見せたという。「人間に話しかけられると、否定的な判断をされるのではないかと心配するからです」とグラッチは語っている。

グラッチは、「状況によっては、機械に人間らしさが欠けていたほうが賢明ではないか」という仮説を立てている。たとえば、「上司がコンピュータだとしたら、上司の欠点は何なのかを正直に語る可能性が高い」かもしれない。そして、「場合によっては、それほど人間的でないロボットは、偏見を持ったりえこひいきをしたりしないと見なされるだろう」とグラッチは考える。

## ロボットの同僚が好まれるのは、どのような時か

考える機械とともにどのように働くかは、携わる作業、作業の枠組み、機械の設計の仕方によって、さまざまに異なるだろう。ただ適正な条件下では、人間は意外にもロボットの同僚にオープンに接している。

ＭＩＴのジュリー・シャーらによる実験では、被験者一人、アシスタント一人、ロボット一台が協力してレゴのキットを組み立てた。彼らは、あたかも製造部門で働いており、デッドラ

インが迫っているかの気持ちで作業に取り組むようにと告げられていた。このプロジェクトを迅速に完了するには、チームメンバーの間でうまく作業を分担することが不可欠だった。

被験者はやり方を変えながら三つのキットを組み立てた。最初の方法では、レゴのパーツをベンチから取ってきて、別のベンチで組み立てるまでの作業を、ロボットが割り振った。二番目の方法では、被験者がその作業を割り振った。そして三番目の方法では、被験者がまず自分の作業スケジュールを立てて、ロボットが残りの作業をみずからとアシスタントに割り振った。

研究者は、被験者が最も満足するのは三番目の方法だろうと推察した。なぜなら、予定を立てる時にロボットならではのアルゴリズムを有効活用できると同時に、自分自身の作業については自主性を設けられるからだ。しかし実際は、被験者はロボットに全作業を任せることを好んだのである。これが最も効率のよい方法であり、プロジェクトを最短時間で完了することができたのだ。

この実験の被験者たちは、ウォートンスクールでアルゴリズムに頼ろうとしなかった人々よりも、アルゴリズムをはるかに容易に受け入れていた。なぜだろうか。我々は、この問いに対する確実な答えを導くだけの知識を持ち合わせていない。

シャーの指摘によると、決められた時間内で終わらせるのが難しい作業であるがゆえに、被験者はロボットの助けを借りたほうが賢明だと判断したようである。たしかに、作業の枠組みが後押しとなった可能性が最も高い。この作業の目標は、制約ある環境下で時間と戦いながら、生産性を最大化することだった。それは、ロボットが得意とする論理的課題でもある。

また、この実験のロボットは声を出さず、社会性ある振る舞いをするような設計もされてもいなかったが、体があった。したがって、肉体を持たないアルゴリズムよりも知的だと見なされた可能性もある。

実験の締めくくりとして、被験者は、自分が採用した方法をなぜ好んだかに関するフィードバックを行った。ここで重要なのは、ロボットにすすんで仕事を任せた人たちは、ロボットの人間的な資質や、ロボットと築き上げた絆を強調しなかったことだ。その代わりに、「そのほうが時間を無駄にしないと思ったから」「チームリーダーのエゴにスケジュールが左右されるおそれがなくなるから」といった理由を挙げた。

ロボットが優秀なチームメイトになった要因は、ロボットに最も得意なことをやらせたからだったのである。

【注】
Erik Brynjolfsson and Andrew McAfee, *The Second Machine Age*, W.W. Norton, 2014.（邦訳『ザ・セカンド・マシン・エイジ』日経BP社、二〇一五年）

第7章

# グーグルは組織をデータで変える

デイビッド A. ガービン

“How Google Sold Its Engineers on Management”
*Harvard Business Review*, December 2013.
邦訳『DIAMONDハーバード・ビジネス・レビュー2014年5月号』

**デイビッド A. ガービン**
**(David A. Garvin)**
ハーバード・ビジネス・スクール(HBS)のC. ローランド・クリステンセン記念講座教授。経営管理論を担当。本稿は、HBSのケーススタディ“Google's Project Oxygen：Do Managers Matter?”(case number 9-313-110, published April 2013)をもとに発展させたものである。

## エンジニアのためにエンジニアによって設立された企業

設立間もない頃からグーグルでは、全社中がマネジャーの価値に疑問を抱いていた。その不信感は、技術者至上主義の企業風土に起因する。同社のソフトウェアエンジニアであるエリック・フラットの言葉を借りるならば、グーグルは「エンジニアのために、エンジニアによって設立された企業」なのだ。

同社のエンジニアに限らず、ほとんどのエンジニアは上司とコミュニケーションを取ったり、他の社員の進捗状況を監督したりするよりも、設計やバグの修正に時間をかけたいと思っている。彼らは長年心の奥底で、マネジメントはプラスよりマイナスのほうが大きく、「本物の仕事」や目に見える目的があるタスクのじゃまをしていると考えていた。

実際、設立から数年後は、創業者であるラリー・ペイジとサーゲイ・ブリンでさえ、はたしてグーグルにマネジャーは必要なのか疑問を抱いていた。彼らはアイデアの迅速な発展に向けて垣根を取り払い、大学院で味わったような平等な環境を再現するため、二〇〇二年にエンジニア担当のマネジャーを置くことを廃止し、完全にフラットな組織を試みた。しかし、この実験的な試みは、ほんの数カ月しか持たなかった。というのも、経費報告に関する質問や人間関係の軋轢など、瑣末なあれこれをペイジに直接持ちかける社員があまりに多くなり、二人が音を上げたのである。

さらに会社が大きくなると、創業者の二人はすぐに、それ以外の多くの重要な点においてもマネジャーの貢献は大きいと実感した。たとえば、戦略を伝達し、プロジェクトの優先順位を決める社員の手助けをし、共同作業を円滑化し、キャリアの相談に乗り、あるいは組織と手続きが会社の目標に矛盾しないよう調整するなどである。

今日、グーグルにはいくつかの階層があるが、社員が三万七〇〇〇人を超える組織にしては多くない。マネジャーはたかだか五〇〇〇人、ディレクターは一〇〇〇人、そしてバイスプレジデントは一〇〇人止まりである。一人のエンジニア担当マネジャーが、直属の部下三〇人を束ねることも珍しくない。前述のエリック・フラットは、事細かい管理を防ぐため、意図的にそうしているのだと指摘する。「チームに三〇人もいれば、口出しできることは限られています。ですから、細かいことは部下に任せ、マネジャーは彼らが成果を出せるよう最善の環境づくりに集中するしかありません」

同社は、一般社員が決断を下し、イノベーションを起こす可能性を残している。こうした自由とともに、役職や社内的権限よりも、技術的な専門性や巧みな問題解決、優れたアイデアを尊重する風潮がある。総体的に序列に対する関心が薄いため、同社で変革を起こそうと思えば、説得力のある論理と豊富な裏付けデータを提示しなければならない。社員がトップダウンの指令を鵜呑みにすることなど、めったにないのである。

グーグルは企業文化に適した人事を実現するため、採用活動においても階層を重視せず、個の力に重きを置いている。データ主導の綿密な採用プロセスを駆使し、意欲的かつ自主性のある若い人材や、型にはまらない思考の持ち主を引き寄せるためにあらゆる手を尽くす。応募者の履歴書は、同社で秀でる可能性を示すサイン、とりわけ一般認知能力を求めてふるいにかけられる。一次審査に合格した応募者は、次に自主性、柔軟性、協調性、人間性の面で均整が取れているかの裏付けなどを加味して、「グーグルらしい」人材かどうかを入念に審査される。

しかし、非常にスキルの高い、えりすぐりの人材を採用しても、彼ら彼女らがマネジメントを重視しなければ、どうやって職場をうまく機能させるというのだろう。疑問を感じている人を信奉者に変え、他の社員のマネジメントに時間を費やすよう説得するにはどうすればよいのか——。こうして、グーグルは難問に直面したのである。

結局のところ、同社のあらゆる場面で活用されている綿密な分析や解析ツール——人材を採用する段階から活用し、また実際の業務においても重要視している——を、同じように適用するほかはない。すなわち、マネジメントには価値があるという仮説をデータで実証し、仮説の正しさを主張するほかないのである。

## マネジャーに価値はあるのか

マネジャーの価値を実証するためにグーグルがどのように取り組んだかを把握するため、二〇〇六年まで遡ってみたい。この年、ペイジとブリンは人事部門――いみじくも「ピープル・オペレーションズ」を略して「ピープル・オプス」と呼ばれている――を束ねるためにラズロ・ボックを招聘した。

ピープル・オプスは発足当初から、年次の三六〇度評価をはじめとする業績評価を実施していた。さらに、キャリアの開発目標や諸手当、福利厚生、企業文化に関する社員アンケート調査「グーグルガイスト」（グーグル精神）の実施と分析も支援していた。一年後、こうした基盤を整備したボックはキャピタル・ワン・ファイナンシャル・コーポレーションからプラサド・セティを人材分析グループの統括者に迎えた。そして、グーグルの事業運営と同じ実証主義的アプローチで人事に取り組むという難題をセティに与えた。

セティはこれを言葉通りに受け止め、優れたリサーチ能力を有する数人の博士号取得者を採用した。こうして発足した新チームは、全力で組織全体に変化を引き起こそうとした。セティは、こう振り返る。「私たちのグループを単なるデータ報告機関にはしたくありませんでした。組織というのは大量のデータだけ与えられても、それに埋もれて身動きが取れなくなってしまうものです。私のグループはむしろ、仮説に基づいて行動し、データを活用して組織の問題や疑問の解決を支援できるグループにしたかったのです」

人材分析グループは次に、社員の福利厚生と生産性に関する課題に対処するために、小さなチームを編成した。二〇〇九年初め、このチームはまず研究すべき一連の論点をセティに提示した。そこで、同社の創業当初から繰り返し表面化していた一つの問いが浮かび上がる。それは、「マネジャーに価値はあるのか」という問いだった。

その答えを見出すため、グーグルは数年にわたる研究構想である「プロジェクト・オキシジェン」に着手した。このプロジェクトはその後、包括的な制度へと発展した。マネジャーが行う重要なマネジメント活動を採点し、対話と教育を通じてそうした活動を研鑽する研修制度だ。二〇一二年一一月までに多くの社員がこの制度を利用し、その結果、種々の分野でマネジメントが有効に機能し成果を上げているという、統計学的に意味のある改善の証拠が示された。

アナリティクスを新しい方法で活用している企業はグーグルだけではない。最近まで、データに基づく意思決定を行うのは製品開発やマーケティング、価格設定に限られていた。しかし近年は、グーグルやプロクター・アンド・ギャンブル、ハラーズなどが人事のニーズに対処する際にも同じ手法を採用している（トーマス・H・ダベンポート、ジェーン・ハリス、ジェレミー・シャピロ「『人材分析学』がもたらす競争優位」DHBR二〇一〇年一二月号を参照）。

残念ながら、こうした組織が日々のマネジメント慣行を理解し、改善するうえで研究者の果たしてきた支援は十分とはいえない。リーダーシップに比べて、マネジメントの分野は研究も教育も遅れたままである。これは主として、マネジャーの実務を厳密かつ具体的に説明することが極めて難しいからだ。マネジャーは他の社員の力を借りながら仕事をこなすとはよくいわれるが、その方法が詳しく説明されることはあまりない。これに対してプロジェクト・オキシジェンは、実践的な詳しい手引きを提供することを目的としていた。あるべきマネジメントの特徴を抽象的に定めただけでなく、その特徴をまざまざと浮かび上がらせる、測定可能な具体的行動を割り出したのだ。

だからこそグーグルの社員は懐疑的な見方をやめて、この制度に従ったのだ。プロジェクト・オキシジェンは同社の意思決定の基準を忠実に踏襲し、綿密な分析を求める社員の声を尊重し、効果をデータとして計測することを最優先したのである。データ主導の企業風土であれば、データ主導の変革に上々の反応を示すだろうと、グーグルは察知したのである。

## 仮説を証明し、優れた行動を特定する

プロジェクト・オキシジェンの共同リーダーであるニール・パテルは、こう振り返る。「用意周到に事を進める必要があるのは、わかっていました。グーグルでは何かを証明する際のハードルが高いのです。よそなら自明と思われることですら、高い基準が要求されます。単純な相関関係を示すだけでは不十分なのです。そのため我々は逆の理論、つまりマネジャーは重要ではないという仮説の立証に挑戦するはめになりました。幸い、これは立証できませんでした」

パテルと彼のチームはまず、グーグルを辞める社員へのインタビュー結果を検討し、社員が退職理由としてマネジメントの問題を挙げているかどうかを確認した。離職率とマネジャーに対する満足度の低さとの間には一定のつながりを確認できたものの、離職率が総体的に低いため、社内全般に当てはまるとはいえなかった。また、この結果からは、マネジャーが離職の原因であるとも証明できなかった。

次の段階としてパテルは、「グーグルガイスト」の評価と半年ごとの業績評価を吟味し、各マネジャーに対する部下の満足度とそのマネジャーの業績の両面を比較した。いずれの面にお

いても、最高スコアと最低スコアを得たマネジャー（上位四分の一と下位四分の一のグループ）を調べた。パテルはこう述べる。「当初は、調べた数字を見ても何の見通しも得られませんでした。スコアの低いマネジャーでも、かなり成果を上げていたのです。すべてのマネジャーが大差なく見えるのに、どうして優れたマネジメントが重要だという証拠を見つけられるでしょうか」。しかし、多変量解析という高度な統計手法を用いたことで問題解決の展望が開けた。これによって、「マネジャーの資質がごくわずかでも上昇するごとに、劇的な効果が表れる」ことが示されたのだ。

たとえば二〇〇八年のデータを見ると、高評価を得たマネジャーは他のマネジャーより部下の離職率が低かった。また、社員の定着率はその社員の職位や成果、在職年数、昇進の有無よりも、マネジャーの資質により強く相関していた。のみならず、マネジャーの資質と社員の幸福度の間に強い相関関係があることも示された。評価の高い上司の下で働く社員は一貫して、イノベーションやワーク・ライフ・バランス、キャリア開発など複数の分野でより高い満足度を示していたのである。

この研究を踏まえて、プロジェクト・オキシジェンのチームは、間違いなくマネジャーは重要であるとの結論を下した。しかし、この結果を実践に移すために、グーグルはまず、自社の最も優れたマネジャーがどのように行動しているかを読み解かなければならなかった。このため、担当者は次に二重盲検法による定性的なインタビューを実施して、高評価と低評価のマネジャーに「キャリア開発について、直属の部下とどのくらい頻繁に話し合いますか」「担当チームのビジョンを策定するために、何をしていますか」といった質問を投げかけた。この調査に、グーグルの三つの主要部門（エンジニアリング部門、グローバル事業部門、総務・管理部門）のマネジャーがあらゆる階層、地域から参加した。

チームはさらにグーグルガイストの調査から得られた数千件に及ぶマネジャーの質についてのコメントや彼らの業績評価、「グレートマネジャー賞」への推薦状も詳しく調べた（グーグルは毎年、社員の推薦をもとに、二〇名ほどのマネジャーにこの栄えある賞を与えている）。こうした情報をすべて体系化して処理するには数カ月を要した。

検討を重ねた結果、プロジェクト・オキシジェンは評価の高いマネジャーに共通する八つの行動を特定した。この「八つの行動」は目から鱗が落ちるほど意外性に満ちたものではなかったが、パテルと共同でチームを率いたミシェル・ドノバンはこう語っている。「グーグルの社内データに基づいて生まれた行動リストなのだから、社員の共感が得られるのではないかと願っていました。このリストの特性は、グーグルのグーグルによるグーグルのためのものです」

リストに挙げられた主要な行動は、主として中小規模のグループやチームのリーダーに関するものであり、とりわけマネジャー職が初めて、または二回目という社員に向けられたものだ。

それらの行動の具体例を挙げると、直属の部下を育て、やる気を引き出すことや、戦略を伝えること、障害を取り除いてあげることなどである。いずれも必要不可欠な業務であるにもかかわらず、日々の責務に追われるマネジャーが見過ごしがちなものである。

## 「八つの行動リスト」を日々体現してもらうには

この「八つの行動」リストは、グーグルでは三つの重要な機能を果たしてきた。社員がマネジメントについて話し合う際の共通言語を提供し、マネジメントを改善するためのわかりやすい指針を示し、マネジメントの負うべきすべての責任範囲を簡潔にまとめたのである。リストはシンプルかつ明快なものだが、調査参加者が自身の言葉で語ったベストプラクティスの事例と説明によって肉付けされている。このような詳細な記述が「チームを力づけ、こと細かく管理しない」といった全般的な原則をより具体的なものとし、そのさまざまな実践方法をマネジャーに提示している（図7－1「最優秀マネジャーに共通する『八つの行動』」を参照）。

この「八つの行動」の説明文は、状況に応じて調整する余地をかなり残している。あくまで包括的なガイドラインであり、融通の利かない指針ではない。とはいえ、マネジャーたちがこグーグルは全社的なアンケート調査の回答に基づき、マネジメントに不可欠な行動の一つひとつを具体的行為とベストプラクティスに分解した。

**コメント例：**上司のマネジャーがこの行為をいかに実践しているかに関するグーグル社員の証言

「上司は私を細かく管理しないし、非常に論理的。人の話に喜んで耳を傾け、よからぬ策を弄しない。尊敬に足る人物であり、彼が上司である限り、グーグルを辞めることは考えられない」

「私が彼女の下で働いていた時、彼女は私一人で仕事をする自由を与えてくれた。ただ、私が障害にぶつかったり、アドバイスが必要になったりした時には、すぐに助けてくれた」

「彼はアイデアをどんどん追いかけろと背中を押してくれるが、口を出す時を心得ていて、見込みのないアイデアを追求しないように助言してくれる」

「彼女は、説明責任を果たすという雰囲気を高めながらも、仕事を楽しむという点も見失わない。素晴らしいチームを率いていることを自覚し、部下を信頼しているという事実を伝えてくれる」

「彼は、常に私と私の仕事を擁護してくれる。たとえば、私が新しい機能を設計した時、その機能を部門の全体会議でプレゼンテーションするよう勧めてくれた」

**ベストプラクティス**

**部下たちが大きな問題にも対処できるようになるよう、背伸びの必要な難題を課す。**

「上司は私の可能性を見出す能力を持っており、私が力を発揮して成長する機会を与えてくれた。たとえば、私が今の役職に就いたばかりの頃、彼女は私に、部門横断的なグループを結成して目標設定プロセスを考案するよう命じた。駆け出しの私がチームの面々と馴染むうえでも、説明責任と透明性を確立するうえでも絶好の機会になるだろうと考えたのだ。目標設定プロセスが完成すると、彼女は私を欧州オフィスの一つに派遣し、そこで現地のマネジャー向けに研修を実施するよう指示した。私一人だけで！」

## 図7-1｜最優秀マネジャーに共通する「8つの行動」

グーグルの人材分析チームは社員のアンケート調査と業績評価から得られたデータを分析し、最も優れたマネジャーが実践している8つの重要な行動を割り出した。

**優れたマネジャーは、**

1 優れたコーチである。

2 チームを力づけ、こと細かく管理しない。

3 チームメンバーの仕事上の成功と私的な幸福に関心を示し、心を配る。

4 建設的で、結果を重視する。

5 コミュニケーション能力が高く、人から情報を得るし、また情報を人に伝える。

6 キャリア開発を支援する。

7 チームのために明確なビジョンと戦略を持つ。

8 チームに的確な助言をするための、主要な専門的スキルを持ち合わせている。

**チームを力づけ、こと細かく管理しない**

### 「8つの行動」をどう決めるか

**マネジャーの行為**

こと細かく管理しない。

部下の自由裁量に任せつつ、さりげなくアドバイスするバランスの取れた姿勢。

部下を信頼しているとはっきり示す。

チームの外部に対してチームを擁護する。

出所：グーグルの社内プレゼンテーション "Investigating Why Managers Matter and What Our Best Ones Do," January 2010.

の新基準に適応する際には助けが必要になることは、最初から明らかだった。そこでピープル・オプスは、オキシジェンの結果に基づいてマネジャー評価制度と研修プログラムを策定した。

この評価制度を受け入れてもらえる可能性を高めるため、ピープル・オプスは調査手法をカスタマイズし、総務部門とグローバル事業部門の社員向けには上位者フィードバック調査（UFS）を、エンジニア向けには技術マネジャー調査（TMS）を策定した。いずれの調査においても、上司であるマネジャーを（五段階評価で）社員に評価してもらった。評価項目は、「実行可能なフィードバックを定期的に提供する」や「チームの目標を明確に伝える」など、一連の核となる行為であり、前述の「八つの行動」に挙げられた重要な行動に直接結びついている。

マネジャー評価制度のための調査を初めて実施したのは二〇一〇年六月であり、四月と九月に行う社員の業績評価とはあえて時期をずらした（グーグルは当初、マネジャー評価制度の結果を業績評価に反映させようと考えていたが、社員がこれをトップダウンによる行動基準の押しつけととらえて、オキシジェンに対する抵抗が強まると判断した）。

ピープル・オプスは機密厳守を強く訴え、調査はあくまで本人の能力向上のためにしか利用しないと周知する文書を何度も発行した。「プロジェクト・オキシジェンが目指しているのは、いかなる場合も本人の成長のためのツールであり、業績評価指標ではありません。無記名調査は必ずしも公平であるとは限らず、マネジャーの評価が低いことの背景には往々にして事情があると、私たちは気づいたのです」と、同部門のアナリストであるメアリー・ケイト・スティムラーは語る。この調査は強制的なものではなかったが、ほとんどの社員が協力した。調査後すぐにマネジャーたちは数値のスコアと個人向けのコメントをまとめた報告書を受け取り、この内容を部下たちと共有するよう勧められた（報告書の具体例については、図7－2「あるマネジャーへのフィードバック」を参照）。

この報告書では、個々のマネジャーのスコアを例の「八つの行動」にはっきりと結び付け、ベストプラクティスに関する詳しい情報の参照先を掲載するとともに、改善に向けて各マネジャーが取りうる行動を提案した。たとえば、コーチングで芳しくないスコアを得たマネジャーには、相手に合わせたバランスのよいフィードバックを提供するための研修を受講するよう勧めるといった具合だ。

ピープル・オプスは、この研修プログラムを実践的かつすぐ役立つものになるよう設計した。たとえば、「ビジョン」の研修では、受講者は自分の部門やチームのビジョンを文章にまとめ、説得力のあるストーリーでアイデアに命を吹き込む練習をする。二〇一一年にグーグルは、新任マネジャー向けの二時間の講習会「スタートライト」と、チェンジマネジメントといった人気の高いテーマを扱う「マネジャーフラッグシップ」コース（一回二日間の研修を六カ月間に三回開催）を追加した。人材開発マネジャーのキャスリン・オサリバンはこう述べる。「当社ジャーはそれぞれ、フィードバックの活用と不可欠なスキルの育成に関して詳しいヒントを得る。これは従来の360度評価で欠けていた、実践的な指針である。

賛同比率　「同意する」「強く同意する」を選択した部下の割合
中立比率　「どちらでもない」を選択した部下の割合
不賛同比率　「そう思わない」「まったくそう思わない」を選択した部下の割合
N = 回答者数

| 賛同比率 / 中立比率 / 不賛同比率 | 以前の賛同比率との比較 2011年 第3四半期 | 以前の賛同比率との比較 2012年 第1四半期 | グローバル・チーム全体の賛同比率との比較 | N |
|---|---|---|---|---|
| 100 | +8 | – | +23 | 7 |
| 100 | +23 | 0 | +25 | 8 |
| 88 / 12（中立） | +3 | -12 | +6 | 8 |
| 88 / 12（中立） | +11 | +8 | +5 | 8 |
| 88 / 12（中立） | +3 | – | +14 | 8 |
| 88 / 12（不賛同） | +42 | – | +3 | 8 |
| 86 / 14（中立） | – | +46 | +8 | 7 |
| 71 / 15（中立） / 14（不賛同） | +7 | – | +2 | 7 |
| 71 / 15（中立） / 14（不賛同） | – | +31 | -2 | 7 |

図**7-2**｜**あるマネジャーへのフィードバック**

グーグルのマネジャーは、半年ごとにフィードバック報告書を受け取る。ここに架空の例を挙げた。これは、同社が実証分析を通じて特定した重要な行動を実践するさまざまな行為において、社員がマネジャーを評価したものである。マネ

## 「グーグル花子さん」の詳細な評価

以下は、2012年6月30日時点においてあなたの直属の部下だったグーグル社員があなたを評価した結果です。3人以上から回答があった質問項目を示しています。

総合的な賛同比率：95%
グローバル事業部門全体の上位４分の１：92%
グローバル事業部門全体の下位４分の１：73%

**質問項目／賛同比率**

1 私の上司は厳しい内容のフィードバックを前向きに伝えてくれる。

2 私の上司から得られるフィードバックは実行可能で、成果の向上に役立つ。

19 私の上司はこと細かく管理しない（上司の階層が関わるべきでない細部に口出しをしない）。

20 私の上司は、彼／彼女自身の上司や上級幹部から得た情報のうち、私が知るべき情報を折に触れて共有してくれる。

21 私の上司は、私の仕事が組織に与える影響に関して理解を深める手助けをしてくれる。

22 私の上司は、定期的に１対１のミーティングを持つ。

23 私の上司は、私を効果的に管理するのに必要な専門的技量を持ち合わせている。

24 私の上司は昇進というテーマだけでなく、キャリア開発のあらゆる側面について話してくれる。

25 私の上司は、過去６カ月の間に私のキャリア開発に関して、私と有意義な話し合いをした。

＊次ページに続く

## 行動に当たって

この報告書を最大限に活かしましょう。部下に対し、彼らのフィードバックを確かに受け取ったので、改善できる面は協力してよくしていきましょうと伝えるには、以下の方法があります。

### チームとこの結果を共有する

- 次のチームミーティングでこの結果について話し合い、フィードバックについてメンバーに感謝する。
- この調査は秘密厳守であることを忘れないこと。このため、誰がどの回答をしたのかを突き止めようとするのではなく、全体的なフィードバックについて話すことが重要。明らかになった強みや改善点など、全体的な結果に焦点を当てる。

### 高く評価された自分の特徴を1つか2つ示す

- ここで示した点を今後も必ず続けること。強みは、改善点と同様に重要である。
- この成果をどう維持するか、強みをいっそう伸ばすためにどうすればよいかを部下たちと話し合う。

### 自分が改善したいと思う点を1つか2つ示す

- 自分の目標を設定し、部下の協力を得ながら改善に向けての行動を明確にする。進捗具合をモニターする。
- 自分が率いる素晴らしいチームにふさわしい素晴らしいマネジャーとなるための一助として、社内LANでgoto/managersにアクセスし、参考資料やグレートマネジャー賞受賞者のアドバイスとヒントを手に入れる。

## コメント紹介

以下は、2012年6月30日時点においてあなたの直属の部下だったグーグル社員のコメントです。このコメントについては〈秘密厳守〉でお願いします。

### 今後も続けるよう上司に進言したいことは何ですか

「花子さんは非常に協力的で、チームとして私たちを信頼してくれる。そのせいで私たちは素早く行動することができる」

「彼女は素晴らしい管理職であり、チームの状況を汲み取ってくれる。厳しい状況にあっても、落ち着いた、真摯な態度で対処している」

「彼女がチームの明確なビジョンを示してくれるため、私たちは今後の最優先事項が何かわかる」

### あなたの上司にどう変わってほしいですか

「総体的な1対1のミーティングは有意義だが、キャリア開発に特化した話し合いがあればさらに素晴らしい」

「花子さんが業務プロセスに関する知識をもっと身につければ、より具体的な細部や決定事項について話し合うことができる」

「花子さんは性格的に物言いが穏やかなので、意見が合わない場合はもう少しはっきり主張する必要がある。彼女はその場ではっきり意見を述べないこともあるが、チームが直面している課題を考えれば、我々は意見を強く主張する必要がある」

「キャリア開発に関してもう少し意見を伝えてくれてもいいと思う」

には講師チームがいますし、世界中のマネジャーが参加できるオンライン上の講座『グーグル・ハングアウト』も試験的に開催しています」

このコースに応募し、自分が変えるべき点を周囲に結果的に公表することについて、不安を示すマネジャーはほとんどいない。ここでエリック・クレイバーグを例に引きたい。彼は、自分の受けた研修がこの上なく貴重だと感じたという。ソフトウェアエンジニアリングのベテランマネジャーであり、シリアルアントレプレナーでもある彼は、最先端の事業がグーグルに買収されるまで一八年にわたって自分でチームを統括してきた経験を持つ。それでも、オキシジェンのマネジャー評価とピープル・オプスの研修コースに参加した六カ月のほうが、以前の約二〇年間より、マネジメントについてより多くを学べたと感じているという。

「たとえば、私はグーグルのフラットな組織構造に懸念を感じていました。なぜなら、自分の部下を昇進させることが難しいとわかっていたからです。けれども、昇進という枠に囚われないキャリア開発を提供するにはどうすればよいかを研修で学びました。いまでは、部下の成長を後押しする方法を見出すため、勤務時間の三分の一から半分を費やしています」。また、部下が助言を歓迎してくれたことは意外な発見だったとも述べる。「エンジニアは、技術面で細かく管理されるのを毛嫌いします。しかし、キャリア面では逐一管理されることを好むのです」

研修内容を補強するため、人材開発チームは高評価を得たマネジャーを各部門から集めてパネルディスカッションを行っている。こうすれば、社員は人事からだけでなく、尊敬する同僚からもアドバイスを得られる。また、新任マネジャーに対しては、グーグルで成功するヒントや参考になるオキシジェンの調査結果、未受講の研修に関する情報へのリンクを掲載したeメールも自動送信している。さらにこれほど熱心に推奨する「八つの行動」について、相応の待遇を考えている。「グレートマネジャー賞」の選定基準を見直し、この行動を反映させたのだ。自分のマネジャーを推薦する場合、どれに当てはまるのか具体例を挙げる仕組みとなった。

同賞を受賞したクレイバーグは、受賞できたのは主として、オキシジェンの研修で習得したスキルのおかげだと考えている。賞品にはハワイなどへの一週間の旅行も含まれ、受賞者はそこで上級幹部とともに過ごす。また、受賞者は昇進する場合も多い。ラズロ・ボックは「最近のバイスプレジデントへの昇進人事では、昇進したディレクターの一〇%がグレートマネジャー賞の受賞者でした」と指摘する。

## 結果はどの程度信頼され、実行されるか

ピープル・オプスのチームは、調査の集計データと個人から寄せられた定性的な情報を吟味

し、オキシジェンの効果を分析した。二〇一〇年から二〇一二年にかけて、UFSとTMSの賛同スコアの中央値は八三％から八八％に上昇した。最も改善したのは評価の最も低いグループであり、特にコーチングとキャリア開発の分野で改善が著しい。この傾向は、部署や調査分野、管理職の階層、統括範囲、地域の垣根を超えて一貫して見られた。

優れた人材ばかりの環境では、人は低評価を深刻に受け止める。バイスプレジデントのセバスチャン・マロットを例に挙げよう。彼は二〇一一年、オラクルの上級営業職からグーグルに移った。最初の六カ月間というもの、彼は世界中に散らばる一五〇人の部下を束ねながら営業目標に注力し、見事に達成した。しかし初めてのUFSスコアに衝撃を受けた。「自分にこう問いかけました。『私は、この会社にふさわしいのだろうか。オラクルに戻るべきではないのか。何か食い違いがあるようだ』。というのも、初めての業績評価で私は上司から高く評価されていたにもかかわらず、UFSスコアは惨憺たるものだったのです」

その後、彼はピープル・オプスの同僚の力を借り、一歩引いた場所から、どのように自分を変えていけるかを検討した。「私たちはコメントの一つひとつを吟味し、改善計画を練りました。部下とのコミュニケーション方法を変え、長期的戦略が部下にもよくわかるようにしました。すると続く二回のUFS調査の間に、私の賛同スコアは四六％から八六％に上昇したのです。大変でしたが、非常に実り多い経験でした。私はここに営業の上級責任者として来たわけですが、いまでは本部長になった気分です」

他のマネジャーもマロットと同様、総じてフィードバックを前向きにとらえていた。とりわけ歓迎されたのは、その具体性である。大企業向け営業担当ディレクターであり、グレートマネジャー賞の受賞者でもあるステファニー・デイビスは、初めてのフィードバック報告書から学んだことについてこう語る。

「部下の一人が、一対一のミーティングを私が定期的に設定していないと考えていたことには驚きました。私はこの部下と毎日顔を合わせていたんですよ。しかし調査のおかげで、ただ顔を合わせることと、個別のミーティングを定期的に組むことは別物だと理解できました。

また、部下たちは私に、ビジョンの共有にもっと時間を割いてほしいと考えていました。私個人は、会長のエリック（シュミット）やラリー、サーゲイに常に触発されていたので、部下たちも同様に会社のビジョンを感じ取っていると考えていました。しかし彼らは上層部のビジョンを私に解釈してほしいと考えていた――調査のおかげで、その機会を見出すことができました。そこで私は、会社の業績発表を違う観点から聞くようになったのです。耳にしたことをそのまま持ち帰るだけでなく、それが部下たちにとってどういう意味を持つのかをその場で伝えるようになりました」

グローバル企業の契約更新部門を統括するクリス・ルーは、ＵＦＳの評価が低くてがっかりしたことをいまでも覚えているという。「私は、期待以上の成果を出しているという業績評価を受けていました。しかし直属の部下の一人がUFSで、私をマネジャーとして推薦しないと述べていたのです。これには衝撃を受けました。人は会社に見切りをつけるのではなく、マネジャーを見切るものだからです」

同時にルーは、業績の振るわない部下にどれほどのプレッシャーを与えるべきか悩んでいた。「これまでの人生で悪い評価をされたことがないタイプA(注)の人に、否定的な評価を与えるのは生やさしいことではありません。もしUFSで賛同スコア九五%のマネジャーがいたら、そのマネジャーはどうすれば部下が業績を改善できるかという厳しい対話をせず、問題を避けているのではないかと私は疑うでしょう」

社員の業績評価とその上司に対するフィードバック評価に関係があるかもしれないと推測したグーグルの経営幹部は、ルーだけではない。この疑問は、オキシジェンを導入する際に何度となく浮上していた。そこで人材分析グループは実績ある手法に頼った。データに戻って正式な分析を行い、業績評価で部下にマイナスの評価を下したマネジャーが、その部下から低いフィードバック評価を受けているかどうかを確認したのである。そして二〇一一年から半年分の調査データを検討した結果、同グループは社員の業績評価の変化(上昇と低下の両方)が、上司であるマネジャーのフィードバック評価の変動理由になったケースは、グーグルの全部門において一％にも満たないことを突き止めた。

高評価を得るための「見せかけのマネジメント」が行われるリスクも低いようだ。というのも、「八つの行動」は実際の行為に根差した判断基準なので、マネジャーが高評価を狙ってうわべだけ真似しようとしても難しいからだ。この調査では社員が上司を評価する際、そのマネジャーの動機や価値観、考え方を評価するのではなく、そのマネジャーが「八つの行動」をどの程度実践しているかを評価する。つまり会社が推奨する通り一貫して確実に行動していたか、そうでないかのどちらかである。スタンドプレーや真似事が入り込む余地はほとんどない。

ボックはこう述べている。「私たちは、グーグルで働く人たちの性質を変えようとしているわけではありません。そんなことは不遜であり危険です。そうではなく、『より優れたマネジャーと思われるための、ちょっとしたヒントをいくつか差し上げましょう』と言っているのです。マネジャーは会社からの提言を信じ切っているわけではないかもしれませんが、いざ実践してUFSやTMSのスコアが上向けば、その行動を自分の糧とするでしょう」

プロジェクト・オキシジェンにも限界はある。卓越したマネジメントを達成するための努力を長期にわたって続けることは難しい。持続性を脅かす要因の一つは〝評価疲れ〟だ。UFSとTMSは社員の自由意思に基づく調査である。グーグル社員は自発的に半年ごとのアンケートに答えているが、ほかにも回答を求められる調査は多い。社員が、アンケート調査に答えるのはもうごめんだと思ったらどうなるだろう。回答率がどん底まで落ちかねない。

加えて、「八つの行動」に秀でるマネジャーが効果を上げ続けられるか、上級幹部になってからも「八つの行動」が役立つか、という問題もある。最近昇進したバイスプレジデントのうち、グレートマネジャー賞受賞者の割合は異常に高い。これは、彼らがいかにオキシジェンのガイドラインを忠実に踏襲したかを物語っている。しかし上級幹部に他の行動、すなわちリーダーシップスキルに直結する行動のほうが重要になるとしたらどうだろうか。

さらに、調査スコアは職場環境に対する社員の満足度と意見を測定するものだが、そうしたとらえどころのない要素が売上げや生産性、利益率といった利益指標にどのような影響を与えているかを正確に知ることはできない（このような因果関係を証明することは、グーグルの有能な統計専門家ですら難しい）。

そして、たとえ「八つの行動」が組織の利益に貢献していたとしても、それがグーグルにもたらす競争優位は長続きしないおそれがある。なぜなら「八つの行動」はグーグルだけに通用するものではないため、競争上の特質が似ている企業、たとえば同様のデータ主導型ハイテク企業などは、このやり方を真似できるのである。

とはいえ、プロジェクト・オキシジェンは当初の目標を達成した。マネジャーの存在価値に懐疑的だったグーグル社員たちにその重要性を納得させ、さらにマネジャーにとって最も重要な行動を特定し、それを文章で説明し、組織に定着させたのである。オキシジェンは、データ主導の絶えざる改善という概念をマネジメントのソフトスキルに直接、しかも見事に導入した。また、広範囲に導入されたため、社員がグーグルでの日々をどうとらえるかに与えた影響は大きかった。とりわけ大きく変わったのは、共同作業への貢献や業績評価の透明性をどう評価するか、そして所属部署のイノベーションとリスクテイクへの取り組み方に対する評価である。

グーグルのように、ほぼ全員が「Aクラス」の人材で構成される企業の場合、マネジャーは一筋縄ではいかない難しい役割を要求される。日常業務の監督のみならず、部下の個人的ニーズ、成長、キャリアプランを支援しなければならない。換言すれば、的を射た確実なフィードバックを提供し、より高いレベルの実績へと部下を導かなければならない。しかも、優秀な知識労働者は自主性を最も重要視するため、口をはさむ時は思慮深く、かつさりげなく行う必要がある。これは絶妙なバランスが求められる作業である。精力的な応援で部下の満足度とやる気を高い水準で維持しながらも、同時に少し背伸びが必要な難題を与え、十分に相手を気遣って批評してあげることで成長を後押ししなければならない。このプロセスがうまく機能すれば、並はずれた結果が得られる場合もある。

だからこそプラサド・セティは、効果的なマネジメントの「八つの行動」に関するオキシジエンの調査結果を活用し続けたいと考えている。「〝できる〟社員から〝素晴らしい〟社員へと押し上げる他の要因には何があるのか、そろそろ考え始めなければなりません」と彼は語る。

彼のチームはマネジャーの性格タイプ別に業績評価を分析し、傾向を割り出す作業に着手した。

「プロジェクト・オキシジェンでは、こうした内因性の変数が入手できませんでしたが、いまはエスノグラフィックな手法を活用し、徐々に内因性のデータを拾い出すことができるようになっています。とにかく、観察することです。人々にくっついて回り、彼らの反応を調査するのです。膨大な人数を追跡する余裕はありませんが、サンプル数が少ないことのマイナス分は、マネジャーとその部下たちの経験をより深く理解することで補えるはずです」

これが、グーグル的アプローチの中核にある理念である。すなわち、きちんとしたデータ収集と徹底した分析という科学的ツールを駆使することで、マネジメントという言わば一種の伝統工芸に、深い知見を見出すのだ。

【注】

目的達成への意欲や競争心が強く、野心的でせっかちなタイプの性格類型。心臓内科医メイヤー・フリードマンとレイ・ローゼンマンが一九五〇年代に提唱した。

第8章

# 【インタビュー】
# 機械は我々を幸福にするのか

## エリック・ブリニョルフソン
## アンドリュー・マカフィー

"The Great Decoupling"
*Harvard Business Review*, June 2015.
邦訳『DIAMONDハーバード・ビジネス・レビュー』2015年11月号

**エリック・ブリニョルフソン**
**(Eric Brynjolfsson)**
マサチューセッツ工科大学スローンスクール・オブ・マネジメント教授。デジタル経済に関するMITイニシアティブのディレクターを務める。

**アンドリュー・マカフィー**
**(Andrew McAfee)**
マサチューセッツ工科大学のプリンシパル・リサーチサイエンティスト。

2人の共著書に『ザ・セカンド・マシン・エイジ』、『機械との競争』(ともに日経BP社)がある。

## 我々は「第二の機械時代」の転換点に立っている

機械は人間ができることならほぼ何でもできそうだ。いまや自動車さえドライバーなしで自走しつつある。それはビジネスや雇用にとって何を意味するのか。人間に残される仕事はあるのか。初歩的な作業だけでなく、高度なスキルを必要とする仕事でも機械が取って代わるのか。人間と機械が協力して働くとしたら、どちらが意思決定を下すのか。デジタル技術がビジネスを変容させる中、各企業や産業界・経済界はそうした問いに直面するようになっている。

技術の進歩は世界をよくするが、新たな課題も生み出す、と語るのはマサチューセッツ工科大学（MIT）スローンスクール・オブ・マネジメントの研究者、エリック・ブリニョルフソンとアンドリュー・マカフィー。二人は長年、テクノロジーが経済に及ぼす影響を研究してきた。彼らの最新刊『ザ・セカンド・マシン・エイジ』（第二の機械時代）はハイテクがもたらす未来を前向きにとらえている。だが二〇一四年の刊行以来、二人は自分たちにとっても驚くべき側面を持つ問題に取り組んできた。すなわち「なぜデジタルイノベーションは米国の平均所得の停滞をもたらし、多くの中間層の雇用を奪っているのか」である。

『ハーバード・ビジネス・レビュー』(HBR)誌エディターのエイミー・バーンスタインおよびエディター・アット・ラージのアナンド・ラマンによる本インタビューで、ブリニョルフソンとマカフィーはこう説明する。

デジタル技術は経済成長を後押しするものの、最新のデータが示すように、皆が等しくその恩恵にあずかるわけではない。産業革命と比べて、デジタル技術のほうが「勝者総取り」の市場を生みやすい。二人はまた、技術進歩の目まぐるしいスピードにもかかわらず、ビジネスの活力は落ちていると考え、政策による対応が不十分ではないかと懸念する。未来のことは誰もわからないが、新しいテクノロジーが経済に及ぼす負の側面に立ち向かうべき時はいまである

——これが二人の結論である。

**——お二人の最近の研究では、デジタル技術が可能にした進歩に焦点を当てておられました。しかし先般、デジタル技術をめぐる問題点が急速に表面化していると懸念を表明されました。何をそれほど心配されているのですか。**

**マカフィー**：一つはっきりさせておきましょう。デジタル技術が人間の知力に及ぼしている影響は、産業革命の時代に蒸気機関やその関連技術が人間の筋力に及ぼした影響と同じなのです。デジタル技術のおかげで私たちは数々の限界を素早く克服し、新たなフロンティアをかつてな

いスピードで切り開くことができます。素晴らしいことです。しかし、それが今後どう展開するかは正確にはわかりません。

蒸気機関を産業革命の牽引役になるレベルまで改良するには数十年かかりましたが、それと同じで、デジタル技術が洗練されるのにも時間がかかっています。コンピュータやロボットはこれからも進化し続け、驚くほどのスピードで新しいことをできるようになるでしょう。だから私たちはいま、「第二の機械時代」が幕を開けようとする転換点にいるのです。

これからの時代はもっとよくなるでしょう。理由は単純です。デジタル技術のおかげで、もっとたくさんのものを生み出せるようになるからです。医療、教育、娯楽のほか、私たちにとって大事な商品やサービスがもっと充実します。また、地球資源をあまり損なうことなく、そうした恩恵を世界中のもっとたくさんの人々に届けられるようになります。

**ブリニョルフソン：**しかし、デジタル化とともにやっかいな問題も生じています。何も驚くことではありません。歴史を振り返れば、経済発展にはたいていよからぬ副作用が伴いました。たとえば最初の産業革命は莫大な富を生みましたが、汚染や疾病、児童労働ももたらしました。

デジタル化によって、いままでとは違うタイプの経済的混乱が生じています。これはある部分、コンピュータが強力になれば特定の職種の働き手が必要なくなるという事実を反映しています。技術が進歩すると、それに取り残される人がある程度、いや、場合によってはたくさん出てきます。

とはいえ、それ以外の人たちにとっては、未来は明るい。特別な技術スキルや知識を備えた働き手にとって、これほどよい時代はありません。そうした人たちは価値を創出し、価値を獲得することができます。しかし、ごく普通のスキルしか持たない人には厳しい時代です。コンピュータやロボットは尋常でないスピードで基本的なスキルを学んでいます。

**マカフィー**：技術進歩によって全体のパイが大きくなれば万人が等しく恩恵を受ける、という経済法則はありません。デジタル技術は価値の高いアイデアやプロセス、イノベーションを低コストで再現できます。その結果、社会は豊かになり、イノベーターは富を得ます。しかし、ある種の仕事に対する需要は縮小します。

## 「繁栄サイクル」の崩壊

**――データによれば、生産性は上がっているのに、多くの米国人は所得が横ばいのままか、減**

**ってさえいます。これをどうとらえていますか。**

**ブリニョルフソン**：経済の健全性を測る四つの指標は、一人当たりGDP、労働生産性、雇用の数、家計所得の中央値です。これらすべてに関する米国のデータを調べたところ、興味深い発見がありました。第二次大戦後三〇年以上、四つの指標はどれも着実に、ほぼ足並みを揃えて上昇しました。別の言い方をすれば、雇用の拡大と賃金の増加は、生産高および生産性の上昇と連動していました。米国の労働者はより多くの富を創出しただけでなく、その増加分に見合う分け前も得ていたのです。

ところが一九八〇年代になって、所得の中央値の伸び悩みが始まりました。最近の一五年間ではマイナスです。インフレ調整すると、所得分布の真ん中にいる平均的な米国世帯は、世帯規模の変化を考慮しても一九九八年に比べて所得が減っています。民間部門の雇用の伸びも減速しています。二〇〇八年の不況だけが原因ではありません。二〇〇〇年代全般を通じて、景気が拡大している局面でも雇用は伸び悩みました。

この現象を私たちは「グレート・デカップリング」(Great Decoupling) と呼んでいます。繁栄サイクルを担うはずの四つの指標はもはや二対二に分断されました。つまり、GDPと生産性が表す経済的豊かさは引き続き上向きなのに、一般的な労働者の所得と雇用の見通しはぱっとしないのです (図8－1「労働者はいつ繁栄から脱落し始めたのか」を参照)。

## 図8-1 | 労働者はいつ繁栄から脱落し始めたのか

米国では1980年代まで、労働生産性、1人当たり実質GDP、民間部門の雇用者数、家計所得の中央値はどれも上昇した。その後、生産性とGDPは上昇し続けたが、所得の中央値は下がり始めた。2000年頃には雇用者数の伸びも減速したが、最近になってまた上昇している。

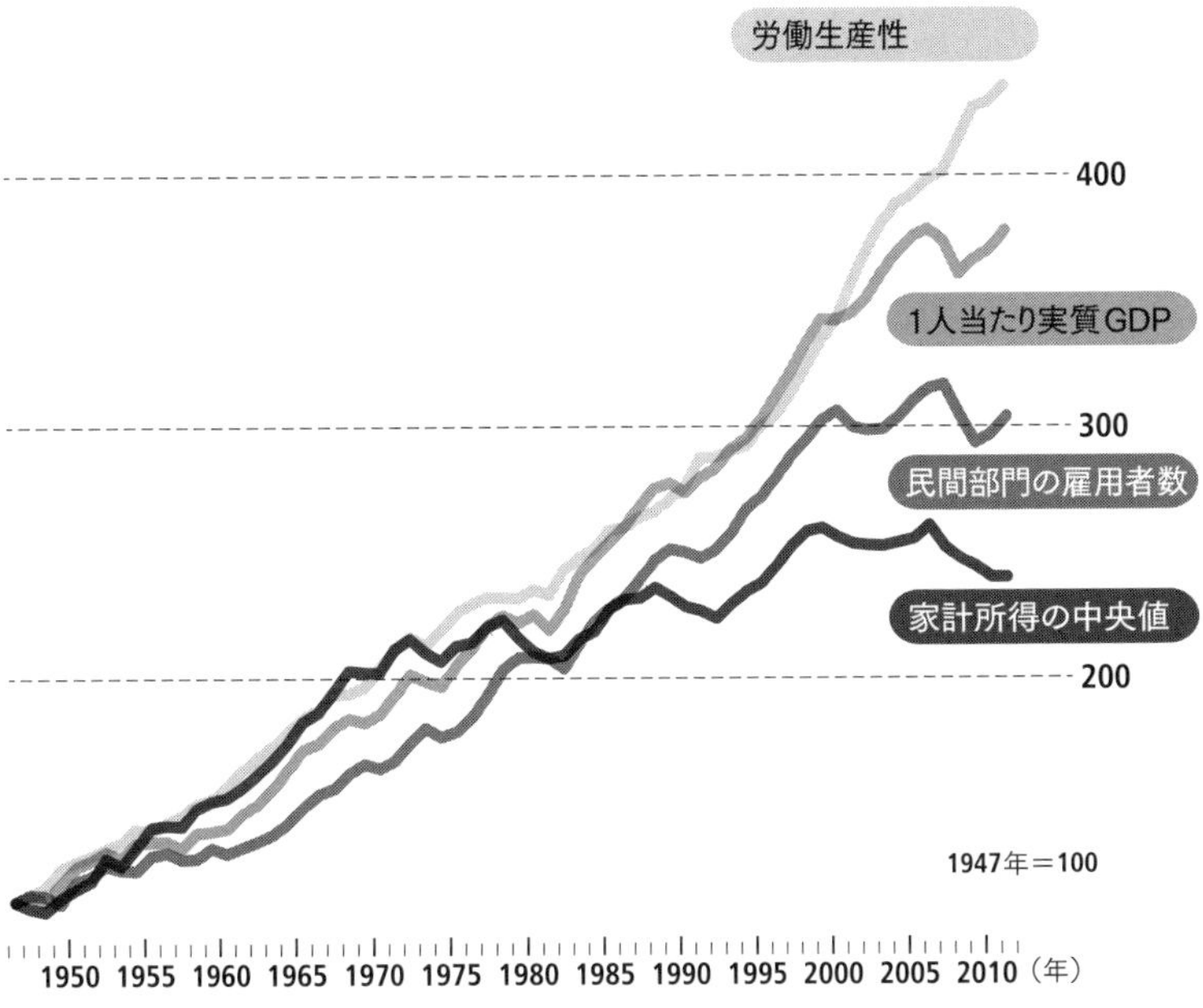


出所：セントルイス連邦準備銀行

私たちはかつて、このような現象を経験したことがありません。二〇〇年近くにわたって、機械のする仕事がどんどん増え、人口が急増したにもかかわらず、人間がする仕事の価値は上昇してきました。平均的な労働者の賃金が着実に上がってきたわけですからね。だから、テクノロジーは万人に役立つという考え方が広まりました。しかし、そのような成功は自動的・必然的に実現するものではありません。テクノロジーの性質にもよりますし、個人や組織、政策の適応の仕方にも左右されます。私たちは極めて大きな課題に直面しているのです。

**――「グレート・デカップリング」が起こっているのは米国だけですか。**

**ブリニョルフソン：**いいえ、先進国のほとんどで同様の傾向が見られるようになっています。たとえばスウェーデン、フィンランド、ドイツでは、この三〇年間で所得格差が拡大していますす。もっとも米国ほどではありませんが。

各国で次々と中間層が空洞化しているという事実から、この「景気の拡大と雇用の伸びが連動しない」という現象が社会契約の変化だけでは説明できないことがわかるでしょう。ドイツ、スウェーデン、米国は、資本主義のあり方や国民が享受すべきものなどについてそれぞれ異なる考え方を持っています。社会的選択が何の影響も与えないと言うつもりはありませんし、グローバル化が影響を及ぼさないと言うつもりもありません。ですが、これらすべての国々に影響している共通の要素が何かありそうです。それはテクノロジーだと考えています。

**マカフィー**：労働者の今後を占う一つの尺度として、GDPのうちどれくらいが毎年、賃金として支払われているかというものがあります。この、GDPに占める人件費の比率は、米国では何十年も安定していましたが、二〇〇〇年を境に急減しています（図8-2「利益は増え、賃金は急落」を参照）。一方、企業の利益はリーマンショックによる不況まで急増し、不況後も急速に持ち直しました。現在は第二次大戦以降で最高の水準にあります。

途上国でも労働者の展望は悪化しています。ルーカス・カラバルブニスとブレント・ネイマンの最近の研究によれば、GDPに占める人件費の割合は五九カ国中四二カ国で減少していましたが、ここには中国、メキシコ、インドも含まれます。ITの進歩により工場や機械設備の価格が下がったため、企業は投資を労働力から資本財へシフトした、と両研究者は結論づけています。

**ブリニョルフソン**：この三〇年間、米国企業が生産を低コストの海外へ移転したため、米国では製造業雇用者が減少しました。MITの同僚であるデイビッド・オーター、その共同研究者のデイビッド・ドーンとゴードン・ハンソンは、米国の製造業における雇用者減少の約四分の

図8-2｜利益は増え、賃金は急落

米国の場合、企業利益は2008年の不況までは上昇基調にあり、その後も急速に持ち直した。現在は第二次大戦後最高の水準にある。対照的に、GDPに占める賃金の割合は何十年も堅調だったが、2000年以降急落している。

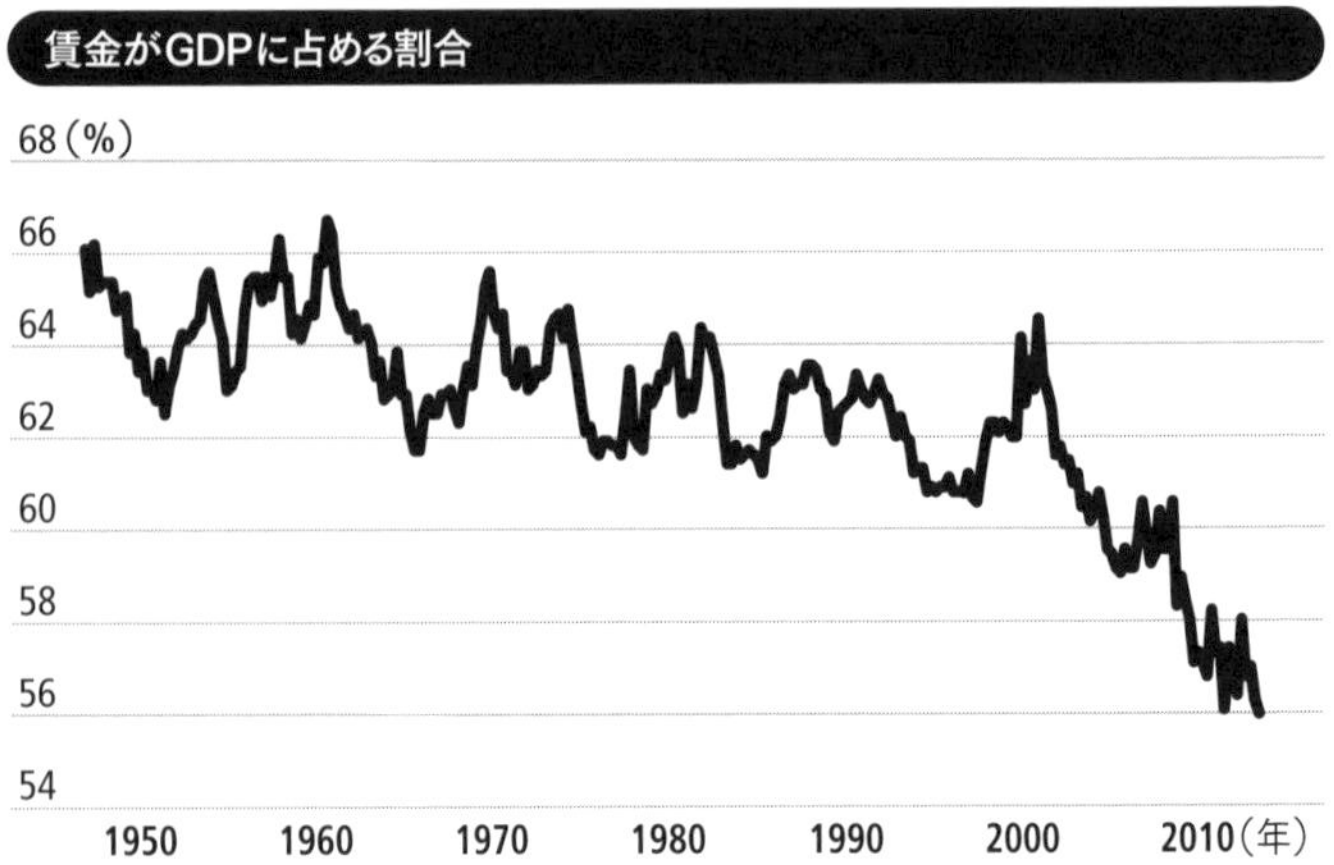


出所：セントルイス連邦準備銀行

一は、中国との競争で説明できると試算していますが、米国の労働者も中国の労働者も自動化で効率が上がっています。

**――あらゆる仕事がなくなるわけではありませんよね。なぜ職種によって影響の度合いが違うのですか。**

**マカフィー**：給与処理ソフトや在庫管理ソフト、FA（ファクトリーオートメーション）、コンピュータ制御式の工作機械、スケジューリングツールなどのテクノロジーが、現場の作業員や事務員、定型的な情報処理労働者に取って代わりました。

対照的に、ビッグデータやアナリティクス、高速通信は、エンジニアリングやクリエイティブ、デザインなどのスキルを備えた人材のアウトプットを拡大し、彼らの価値を高めました。実質的な影響としては、スキルの低い情報労働者の需要が減り、スキルの高い人の需要が増えたのです。

**ブリニョルフソン**：このトレンドは、経済学者による多くの研究で裏づけられています。オーター、ローレンス・カッツ、アラン・クルーガー、フランク・レビー、リチャード・マーネイン、そしてダロン・アセモグル。私がティム・ブレスナハン、ロリン・ヒットらと発表した論文もこのトレンドを実証しています。経済学者はそれを「スキル偏向的技術進歩」と呼びます。要するに、教育や訓練や経験を積んだ人のほうが重宝されるというわけです。

オーターとアセモグルによるある論文は、スキル偏向的技術進歩の影響を浮き彫りにしています。一九七三年以前、米国の労働者は皆賃金が上昇していました。生産性の向上により、教育水準の高低にかかわらず、全員の所得が増加しました。そして一九七三年のオイルショックと不況で、誰もが豊かになるというこの傾向が終わります。

その後は、格差が拡大していきました。一九八〇年代の初めには、大卒者の賃金は再び上昇に転じます。一方、大卒でない労働者のほとんどにとっては、雇用状況が厳しくなりました。賃金は伸び悩み、高校中退者の場合はたいてい下落しました。PC革命の始まりが一九八〇年代初めだったのは偶然ではないでしょう。

さらに目を引くのは、大学入学者数が一九六〇年の約七五万人から、一九八〇年の一五〇万人強へと倍以上になったことです。大量の卒業生がいれば相対賃金も下がったはずですが、そうはなりませんでした。給与が増え、供給も増えるということは、スキルの高い労働者に対する相対需要の伸びが供給の伸びに勝っていたということでしょう。

同時に、高校を出ない人は減っていましたが、彼らに対する求人はそれ以上に減っていました。未熟練労働者の需要が低いため、彼らの賃金はますます下がりました。それで所得格差が広がったのです。

**マカフィー：**その間、テクノロジーは進歩を続けました。オーターとドーンの別の研究では、一九八〇年から二〇〇五年にかけて、雇用と賃金のあり方を変える最大の要因はコンピュータ化だったと結論づけています。また、コンピュータ化しやすい業務が多い職業には、たいてい中間層が従事していたとも述べています。中間層の空洞化が主な原因で所得の中央値が減少しました。「第二の機械時代」は「第一の機械時代」とは違った展開をしており、労働需要が拡大しないまま物質的な繁栄が長く続いています（図8－3「消える中間層」を参照）。

## 勝者と敗者

**――デジタル技術は「勝者総取り」の経済を生みますか。**

**ブリニョルフソン：**デジタル技術を使えば、ほぼコストをかけずに複製ができます。それぞれは完全なコピーで、地球上のほぼどこにでも、ほとんど瞬時に送信できます。「第一の機械時代」にそうした特徴はありませんでしたが、デジタル商品ではそれが当たり前であり、その結果、

## 図8-3｜消える中間層

米国で中流の所得を得ている労働年齢世帯の割合は、
この30年余りで大きく減少した。

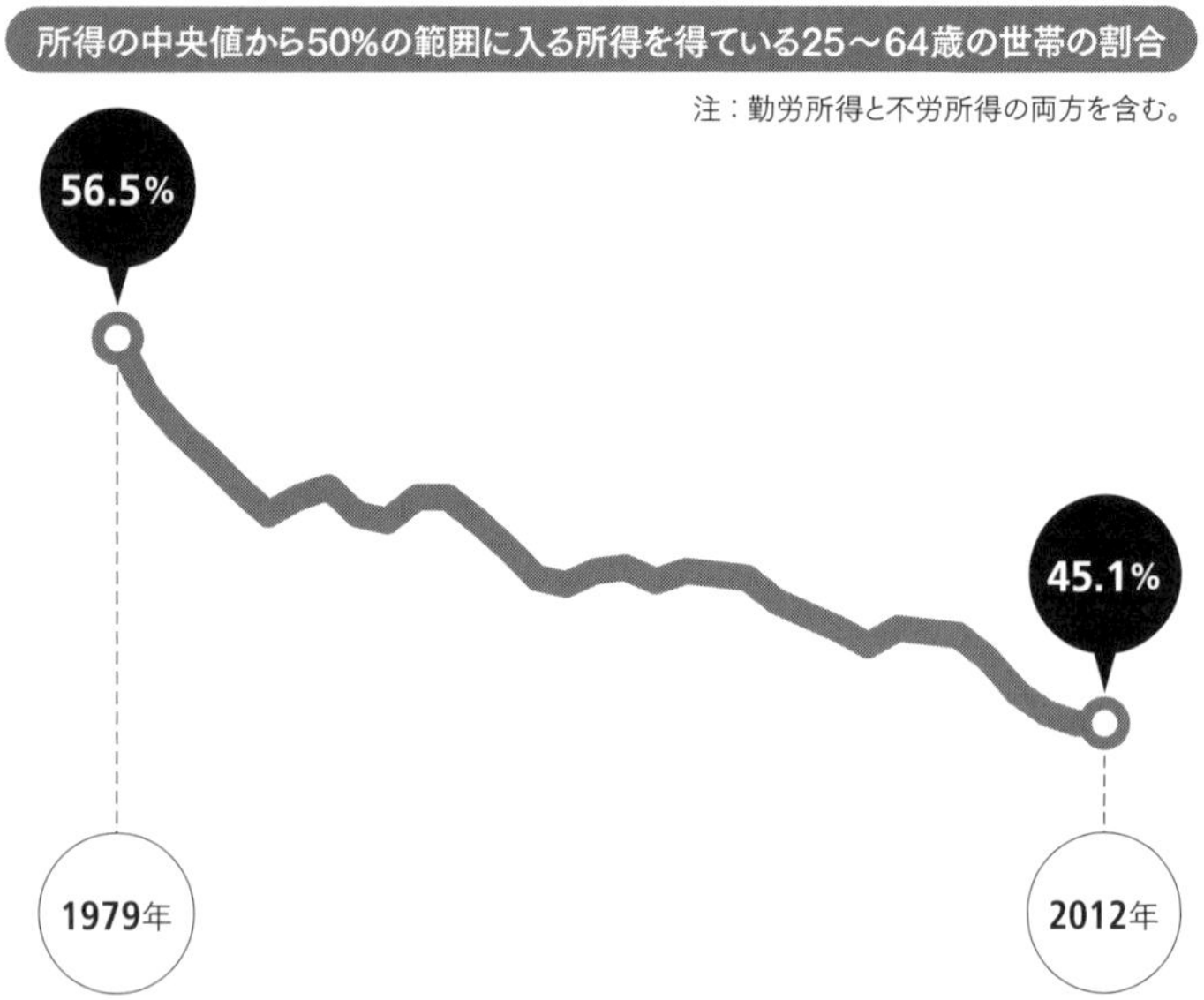


出所：経済政策研究センターによる人口動態調査（2014年3月）抽出データに基づく分析。
本図の初出は、Keith MillerとDavid Madlandによる米国進歩センター（www.american progress.org）の記事“As Income Inequality Rises, America's Middle Class Shrinks”（2014年12月18日）。

勝者総取りのような独特の事態が生じます。

多くの産業では、大卒の人とそうでない人の賃金格差の拡大は、高所得層のもっと大きな変化に比べれば小さく見えるようになりました。二〇〇二年から二〇〇七年にかけては、所得上位一%の人たちが米国経済の成長による利益の三分の二を手にしています。

その一%はどこにいるのか。全員がウォール街の面々というわけではありません。シカゴ大学の経済学者スティーブ・キャプランの調査によれば、そこには起業家や経営幹部のほか、マスコミやエンタテインメント、スポーツ、法曹界の大物も含まれます。上位一%がある種のスターだとすれば、その上にはさらなる所得増を果たしたスーパースターがいます。上位一%が米国の総所得の約一九%を稼ぐ一方、上位〇・〇一%では国民所得に占める割合が、一九九五年の三%から二〇〇七年には六%へと倍増しています。それ以上の所得水準については信頼できるデータが入手しづらいのですが、所得の乖離はフラクタル的な性質を伴って続いている兆候があります。スーパースターの各グループの上に、さらに小さな超スーパースターのグループがあるのです。

経営幹部に莫大な報酬を支払う巨大企業の台頭、米国をはじめとする国々に見られる高所得層に有利な減税など、いくつかの要因が関係していると思われます。テクノロジー業界では、裕福な起業家や投資家も数多く生まれています。キム・ヒギョンと私の共同研究によれば、I

Tをよく利用する企業はCEOに支払う報酬も多いことがわかっています。それはたぶん、テクノロジーが意思決定の効果を増大させるからでしょう。「スーパースター偏向型の技術変革」はますます重要なトレンドになりつつあるようです。

**――デジタル技術による生産性向上を疑問視する経済学者に対して、何をおっしゃりたいですか。**

**ブリニョルフソン**：一九九〇年代半ばに米国の労働生産性が大幅にアップした時、私たちや他の経済学者による研究は、ITがその成長を後押ししたと結論づけました。しかし、それは長続きしませんでした。二〇〇〇年代半ばには、労働生産性の伸びは一九九六年以前の水準まで減速し、以来、比較的低い水準のままです。最近では二〇〇八年の不況が明らかに一つの要因でした。生産性というのは基本的にGDPを労働時間で割ったものですから、GDPが急落すると生産性も落ちる傾向があります。

しかし、もう一つ重要なのは、デジタルの進歩の多くがGDPに勘定されないということです。たとえば、ウィキペディアは昔ながらの『ブリタニカ百科事典』とは違って無料です。つまり、はるかに多くの人に付加価値をもたらしても、GDPの数値に含まれないのです。

そしてさらに重要なのは、新しいテクノロジーの開発と、その恩恵が統計に表れ始めるタイミングにはズレがあるということです。つまり、近年の技術進歩の影響は、生産性にまだ十分に反映されていないのです。私たちは以前にもこれと似た経験をしています。米国の労働生産性は一九〇六年から一九二八年にかけてあまり伸びませんでしたが、ちょうどこの頃、電気や内燃機関などの強力な新技術が初めてビジネスに導入されたのです。その後の数十年間で、こうした技術の効果的な利用法がわかると、生産性は上昇しました。

**マカフィー：**最新の技術革新によって何が可能になるかは、まだわかっていません。ｉＰｈｏｎｅなどの製品は、誕生して八年しか経っていないことを思い出してください。自動運転車《ロボットカー》が米国の道路を初めて走ったのは五年前です。人工知能が画像の分類やビデオゲームなどを、プログラマーからルールを教わらず未知の状態からでもマスターできる――それがわかったのもつい最近です。ベイラー医科大学は昨年（二〇一四年）、ＩＢＭのコンピュータ「ワトソン」を使って、タンパク質とがん増殖に関する仮説を立案したと発表しましたが、その多くは正しいことがわかりました。

いずれも大きな進歩ですが、経済への波及は単独では起こりません。それぞれが互いに結びつく、あるいは過去の技術と結びつくことを繰り返していきます。そうすると生産性の伸びが高まります。デジタル技術は「第一の機械時代」のエンジンよりも大いなる繁栄をもたらすだろう、と確信しています。

**ブリニョルフソン：**「第二の機械時代」はいくつかのステージに分けることができます。ステージⅡAでは、人間が自分たちの知っていることを順を追って丹念に機械に教え込みます。昔ながらのソフトウェアプログラミングの要領ですね。ステージⅡBでは、機械がみずから学習し、人間が説明すらできない知識やスキルを獲得します。機械学習の技術は、音声認識、不正の発見、ビデオゲームのプレーなど、さまざまな分野でそれをある程度成功させています。

**——第三のステージもありますか。**

**ブリニョルフソン：**たぶんあるでしょう。その時は、機械が感情や対人反応を理解しているかもしれません。いまはまだ人間のほうが優位な分野です。でも、MITメディアラボではすでに、感情を理解できるロボットを研究中です。彼らは時折、顔の表情を人間より上手に分析することもあります。

**——「第二の機械時代」が進んでも、人間のする仕事はありますか。**

**マカフィー：**はい。三つのスキル分野では、人間のほうがまだはるかに優れているからです。

一つ目は高度な創造力。新規事業の素晴らしいアイデア、科学的な大発見、人を引きつける小説などを生み出す力です。テクノロジーにできるのはあくまで、これらに秀でた人の能力を増幅することです。

二つ目の領域は、感情、対人関係、思いやり、育成、コーチング、意欲喚起、統率など。何百万年もの進化を通じて、私たちは他者のボディランゲージを読み解くのが得意になりました。

**ブリニョルフソン**：それから、シグナルを読み解くこと、さらには他者の言葉を汲んで代弁すること。機械はここではかなり後れを取っています。

三つ目は、機敏性、可動性。混雑したレストランの中を歩く、テーブルを片づける、食器をキッチンに戻す、食器を壊れないように流しに置くといった作業をロボットにさせるのは――しかもレストランのお客さんが怖がらないようにそれをさせるのは――信じられないほど困難です。感じることや巧みな操作はロボットにとって至難の技なのです。

でも、絶対に不可能というわけではありません。機械はこれら三つの分野にも進出し始めています。

**マカフィー**：今後も中間層の空洞化と二極化が続くでしょう。本当に優れた企業幹部や起業家、投資家、小説家はみんな報酬を手にします。ヨーヨー・マ（中国系米国人の世界的チェリスト）は、そう簡単にロボットに取って代わられません。でも金銭面で世界で一〇〇番目のチェリストになるのは、私なら受け入れられません。

## 企業の対応

**――こうしたテクノロジーの急速な進歩に、企業はうまく対応しているでしょうか。**

**ブリニョルフソン**：テクノロジーは今後も進歩し続けますが、残念ながらビジネスの活力は落ちています。これは起業家にとって、人間をテクノロジーと組み合わせ、新たな形で活用する方法を考えるチャンスです。私たちはそれを「機械との競争」（racing against machines）とは逆の意味で、「機械との共存による競争」（racing with machines）と呼んでいます。どういうわけか、企業は昔ほど効果的に新しい雇用を創出していません。

**マカフィー**：変化には柔軟に、流動的に対応して乗り切るのが一番です。しかし、いまはビジネスの活力が落ち、労働の流動性が減っています。これは由々しき傾向であり、このままでは来るべき技術革新に適切に対応できません。

**ブリニョルフソン**：この硬直した状況は全米に広がっているようです。シリコンバレーでどれほど起業が盛んでも、米国の起業率は平均すると下がっています。

知的な意味で簡単なのは、既存のプロセスを見て「この仕事の一部をどうやったら機械にさせられるか」と問うことです。それは一定の創造性や少々の労力を必要としますし、たしかに価値を創出します。しかし、「機械と人間を協力させてまったく新しいことを成し遂げ、市場でもっと価値あるものを創造するにはどうすればよいか」と問うほうが、さらに創造性を必要とします。

**――新しいデジタル技術を最大限活用できるのは、どのような経済環境の時でしょうか。**

**マカフィー**：イノベーションや新しいビジネス形成、経済成長に資する環境です。その環境をつくるには、次の五つを重視する必要があります。

一つ目は教育。初等・中等教育では、適切で有益なスキルを教えなければなりません。つまり、コンピュータが得意としないもの――創造性、対人スキル、問題解決などです。

二つ目はインフラ。世界に通用する道路、空港、ネットワークを持つことは未来への投資であり成長の礎になります。

第三に、起業をもっと推進しなければなりません。新しい企業、特に成長の速いスタートアップ企業は大きな雇用創出源です。しかし、ほとんどの産業や地域では、三〇年前に比べて新しい企業の数が減っています。

四つ目は移民です。世界の才能ある人材の多くは、人生やキャリアを切り開くために米国へやって来ます。そして、移民の創業した会社が雇用創出の大きなエンジンになってきたのはデータからも間違いありません。この分野の政策はいまだに制約が多すぎますし、その手続きもまるで悪夢のように官僚的です。

五つ目は基礎研究です。企業は応用研究に専念する傾向があります。つまり、独創的な初期研究をサポートするために政府が一役買うべきなのです。インターネットからスマートフォンまで、今日の非凡なテクノロジーは、そのほとんどが過去に政府プログラムとの関わりがありました。ですが、基礎研究への資金援助は減少しています。米国のR＆D支出をGDP比で見ると、総額と非防衛支出ともに一九八〇年から三分の一以上減っています。これを変えなければなりません。

**ブリニョルフソン：**一つ確信を持って予測できるのは、デジタル技術のおかげで世界はもっと豊かで裕福になり、人々は単調な仕事やつらい重労働から解放されていくということです。しかし、全員がその恩恵にあずかるという保証はありません。すると当然、多くの人たちは不安になります。繁栄が共有されるか、それとも格差が広がるか――その結末を決めるのはテクノロジーではなく、私たちが個人、組織、社会として下す選択です。その未来の選択を誤り、多くの人を繁栄サイクルから締め出す経済・社会をつくるようでは、私たちはみずからを恥じるべきです。

技術の進歩は途方もなく強い力ですが、けっして運命ではありません。私たちをユートピアに案内するわけでも、望まぬ未来へ連れていくわけでもありません。要は私たち人間次第。テクノロジーは単なる道具なのです。

**『Harvard Business Review』（HBR）とは**

ハーバード・ビジネススクールの教育理念に基づいて、1922年、同校の機関誌として創刊された世界最古のマネジメント誌。アメリカ国内では29万人のエグゼクティブに購読され、日本、ドイツ、イタリア、フランス、BRICs諸国、南米主要国など世界60万人のビジネス・エグゼクティブやプロフェッショナルに愛読されている。

**『DIAMONDハーバード・ビジネス・レビュー』（DHBR）とは**

HBR誌の日本語版として、アメリカ以外では世界で最も早く、1976年に創刊。「社会を変えようとする意志を持ったリーダーのための雑誌」として、毎号HBR論文と日本オリジナルの記事を組み合わせ、時宜に合ったテーマを特集として掲載。多くの経営者やコンサルタント、若手リーダー層から支持され、またグローバル企業の企業内大学や管理職研修、ビジネススクールの教材として利用されている。

**人工知能**——機械といかに向き合うか

2016年9月29日　第1刷発行
2017年1月17日　第3刷発行

編訳者——DIAMONDハーバード・ビジネス・レビュー編集部
発行所——ダイヤモンド社
〒150-8409　東京都渋谷区神宮前6-12-17
http://www.diamond.co.jp/
電話／03･5778･7228（編集）　03･5778･7240（販売）
装丁・本文デザイン——デザインワークショップJIN（遠藤陽一・金澤彩）
製作進行——ダイヤモンド・グラフィック社
印刷————堀内印刷所（本文）共栄メディア（カバー）
製本————本間製本
編集担当——肱岡彩


ISBN 978-4-478-10090-5